PRESENTATION

新人広告プランナーが入社時に叩き込まれる

「プレゼンテーション」基礎講座

電通ヤング・アンド・ルビカム
長沢朋哉
TOMOYA NAGASAWA

日本実業出版社

はじめに

この本の著者である私は広告会社で戦略プランナーとして働いています。広告会社はプレゼンの機会が多い仕事場です。私自身も数多くのプレゼンを行ないますし、部下や後輩の指導機会も多くなります。新人研修でもプレゼン研修には多くの時間が割かれます。

「プレゼンの上達のために真に重要なポイントは何か」
「それをどのように伝えれば上達のスピードは早まるのか」
そうした意識を持ちながらの日々の経験と実践をもとに、本書は書かれました。百科事典のように内容を詰めこむのではなく、真に重要なポイントに絞って、それが"直感的に理解"できることを最大限重視しました（それは実は本質的には「広告」制作とよく似ています）。

その結果が、見開きの左側に「プレゼンのスライド」風のページ、右側に「話し原稿（スクリプト）」を並べた特徴的なスタイルです。

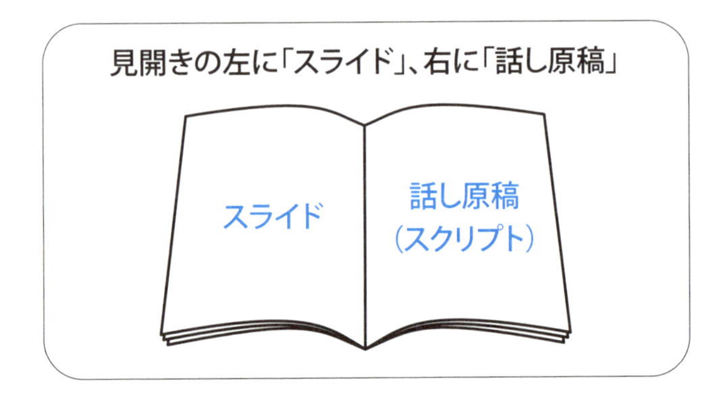

もちろん、本書の内容は、広告業界だけでなくすべての業界・職種に共通するものです。具体的には、「プレゼン資料の作り方」から、「話し方・見せ方」まで、準備作業から本番当日までをカバーし、日々の現場で、誰もがすぐに実践できる内容が数多く含まれています。

また、私自身もそうなのですが、読者の皆さんも小さな会議室のテーブルでペーパー資料を説明するといった小規模なプレゼンをすることも多いのではないでしょうか。そうしたケースへの対応も考慮しています。

さて、本書のタイトルに「叩き込まれる」との言葉があります。これはもちろん昔ながらの「丸暗記」の意味ではありません。

私が部下や後輩に何らかのレクチャーをする際には、表面的な知識を暗記するのではなく、「そのものごとの本質を理解すること、徹底して技術を学ぶこと、実践で確実に身につけること」を求めます。この「本質→技術→実践」が言わば本書の「叩き込む」の真意であり、これがそのまま本書の構造（章立て）にもなっています。

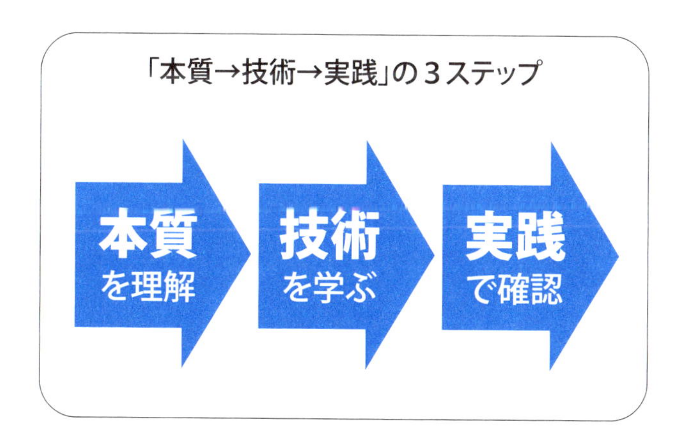

そしてもう一つの特徴、特に筆者として考慮した点は、「どのように伝えるか」ということです。

先に述べたように、「左にスライド、右に話し原稿」というスタイルもその結果なのですが、さらに気を配ったのはその表現方法、より具体的に言えば「言葉」です。

分厚いビジネス書を隅から隅まで読んでも、それらの内容をすべて記憶にとどめて実践できる方は少数派でしょう（私自身も多数派の「覚えられない」方です）。

ですから、内容がしっかりと記憶に残るように、本書は重要なポイントをシンプルで印象的な「キーワード」として提示しています（これも実は「広告」の仕事とよく似ています）。

本書を一読いただくことで、これらのキーワードが皆さんの記憶に刻まれ、日々の実務の際の「道しるべ」や「チェックポイント」として役立ってくれるはずです。

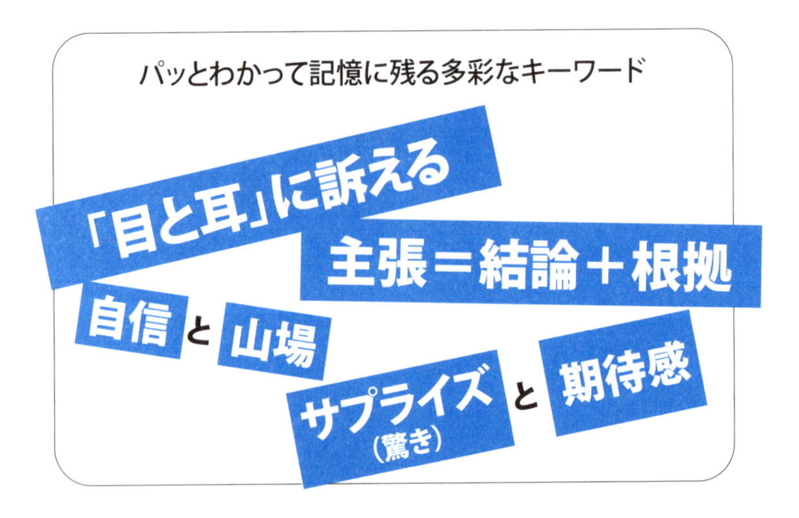

本書はタイトルにもあるように、「新人」が学ぶ基礎的な内容を中心にしてはいますが、単なる「基礎の羅列」ではありません。

初級から中級レベルの方が、「そこを押さえれば確実にレベルアップする重要ポイント（レバレッジ・ポイントとも言います）」を厳選し、体系的に整理して提示しています。

ぜひ本書を手に取り、プレゼンを成功させるポイントをつかみ、繰り返し実践してください。

そして、もしあなたに部下や後輩がいるのなら、この本をもとにプレゼンについて教えてあげてください。

皆さんのプレゼンテーション能力の向上にこの本がお役に立つこと、そして、それが皆さんのビジネスの成果につながることを願っています。

2015年2月

長沢 朋哉

PART 1 プレゼンの本質と全体

Chapter 3

PART 2 プレゼンの技術

Chapter 4
資料を作る技術
98

Chapter 4

Chapter 5

話す、見せる技術

本書の内容は、著者の所属する企業や団体とは関わりなく、著者個人の見解に基づくものです。

カバーデザイン　冨澤 崇
本文デザイン・DTP　株式会社 森の印刷屋

本書全体の構成

プレゼンの本質と全体を理解する

プレゼンの

本質

最も重要なエッセンス。もしもそれがなければ、プレゼンがプレゼンではなくなってしまうもの

類型

・内容による分類
・外形による分類

学びのフレーム

・プレゼンを学ぶために認識すべき枠組み
・何を伝えるか。どう資料にするか。どう話し、どう見せるか

資料を作る技術

話す、見せる技術

本書の全体の構成は、上のチャートのように、大きく３ステップ構造になっています。

技術を学ぶ → **実践での確認ポイント**

技術を学ぶ	実践での確認ポイント
・ストーリーを作る技術 ・ページを作る技術	**プレゼン準備の流れ**
・話す技術 ・見せる技術 （資料／自分）	**基本的チェック項目** • キックオフ（準備開始時点） • 中間地点 • 直前（1〜3日前） • 当日・現場

この３ステップで読み進めていただき、実際のプレゼン準備でもぜひご活用ください。

序

序

上達の法則

Introduction

ものごとの「上達」に大切なこと

「本質」を理解し、その上に「技術」を積み上げる

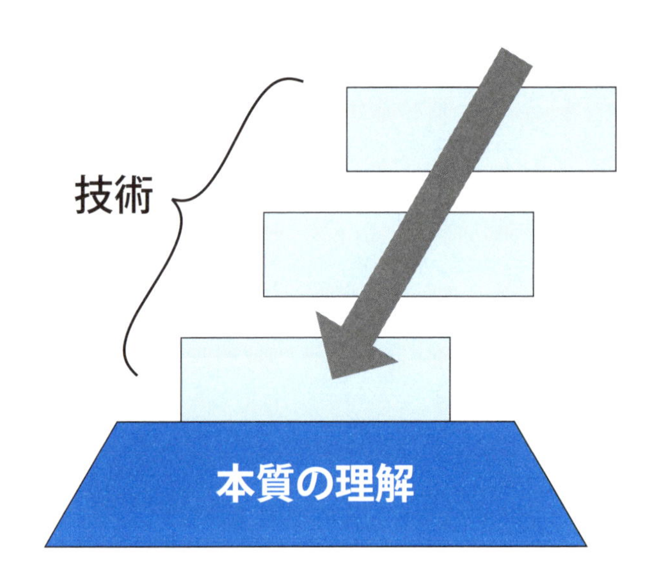

上達のために大切なこと。
「本質」を理解し、その上に「技術」を積み上げる。

ここではまず、「ものごとの上達」の法則について、お話しします。

プレゼンテーションに限らず、スポーツやアートの分野でも、何かに上達するための正しい道筋は、いきなり**具体的なテクニックを覚えようとする前に、そのものごとの「本質」を理解すること**です。

「本質」とは、「そのものごとの、最も重要なエッセンス」のこと。あるいは「そのものごとを、そのものごと足らしめている、絶対に外せない要素」とも言うことができます。

つまり、プレゼンの本質とは「その、最も重要なエッセンス」、あるいは「プレゼンをプレゼン足らしめている絶対に外せない要素」。

この考え方に従って本書は、**まずプレゼンの「本質」について、そしてその後に具体的な「技術」についてお話し**していきます。

ただし、お話しする「本質」とは小難しい話ではありません。むしろ「あたりまえ」のことに思えるかもしれません。

しかし、その一見「あたりまえ」のことをぼんやりとしか分かっていない人と、クリアに意識に刻んでいる人とでは、その後の上達のスピードは大きく異なっていきます。

ぜひ、はじめにしっかりと「本質」を意識に刻みつけてください。

PART 1：
プレゼンの本質と全体

〈PART 1で学ぶChapterについて〉

Chapter 1
本質の理解

Chapter 2
類型の理解

Chapter 3
学びのフレーム

もっとも重要なエッセンス。
それがなければ、プレゼンがプレゼンでなくなってしまうもの。

内容による分類、外形による分類。

はじめに認識すべき枠組み。
何を伝えるか。どう資料にするか。どう話し、どう見せるか。

PART 1
プレゼンの本質と全体

Chapter 1
本質の理解
Essence

プレゼンの本質

それはこの２つ

「主張」を伝えること

「目と耳」に訴えること

上達のためには
この２つをしっかり意識に刻む

プレゼンの本質。
それは「主張」を伝えること、「目と耳」に訴えること。

プレゼンの本質は、端的に言えば次の２つです。

１つ目は、その目的であり意味そのもの。それは、
「プレゼンとは、聞き手に対し自分の主張を伝えること」
だということです。言わば、プレゼンテーションという言葉の定義でもあります

そして２つ目は、
「プレゼンとは、聞き手の『目と耳』に訴えること」
だということ。

たいていの場合**プレゼンにはそれ用に事前に準備をした「資料（スライドや企画書など）」が用いられます**。何の資料も用いずに話すだけの場合は、普通はそれをプレゼンとは呼びません。もちろん、その逆に資料だけを相手に渡すことがあったとしても、それをプレゼンとは呼びません。

この「目と耳に訴える」という要素はプレゼンの「外せない要素」であり、重要な本質でもあります。

まずこの２つのことをしっかり意識に刻んでください。

３つの具体的手段

「主張」を伝える

「目と耳」に訴える

このための具体的手段は３つ

資料
(material)

話
(speech)

身ぶり・手ぶり
(gesture)

伝えるための具体的手段は3つ。
「資料」、「話」、それに「身ぶり・手ぶり」。

プレゼンが自分の「主張を伝えるため」のもので、そのために「聞き手の目と耳に訴える」ことが大切だとすると、そのための具体的な手段は、まず**「資料」**と**「話」**の2つです。

「資料」については、一般的にはパソコンのプレゼンテーション・ソフトで作ることが多いと思います。それに加えて、場合によっては新商品のダミーやパッケージ見本、広告などのデザイン案が必要な場合もあるかもしれません。それらが、主な**「目」に訴える**ものです。

「話」については、文字通りに自分の口でしゃべる内容。主な**「耳」に訴える**ものになります。

それに加えて、3つ目の手段として**「身ぶり・手ぶり」**もあります。特に、プロジェクタを用いて立ってプレゼンする場合には、「身ぶり・手ぶり」も「目」に訴える大切な要素です。

具体的なテクニックやポイントは後で述べますが、まずは、これらの3つの要素が、「主張」を伝えるための手段だということを覚えておいてください。

「目と耳」に訴える要素

	人	資料
目に訴える	動き 表情	文字 数字 画像 映像
耳に訴える	話	音声

目に訴えるのは主に「人の動き」と「資料の文字」。耳に訴えるのは主に「人の話」。

前項目の「目と耳」に訴えるための要素をもう少し具体的に説明するならば、左のようなマトリクスで整理ができます。

簡単に言えば、聞き手の**「目」に訴えるのは、「プレゼンターの動きや表情」と、「資料」に書かれた文字や数字、画像**。**「耳」に訴えるのは、プレゼンターの「話」**が中心です。

時おり、コミュニケーションにおける「見た目の重要さ」を強調する際に「メラビアンの法則」というものが紹介されることがありますが、皆さんは聞いたことがあるでしょうか？

この「法則」では、人のコミュニケーション行動が相手に与える影響は「言語情報が7%、聴覚情報が38%、視覚情報が55%」などと言われています。

ただし、この法則は「感情」を伝えるコミュニケーションの場合の法則であって、「事実や論理的メッセージ」を伝える際には当てはまらないというのが本当のところのようです。

ですから、この「視覚情報が55%」を鵜呑みにして「プレゼンも見た目が最重要」と単純化してしまうのは、あまり正しい態度とは言えません。

無理にこれらの重要度合いを提示する必要もないのですが、強いて私の感覚を数値化するならば、一般的なビジネス・プレゼンテーションにおける影響度の比率は、「話」が40%、「文字・数字」が30%、「プレゼンターの身体表現（表情や動き）」と、「画像・映像・音声などの参考資料」が15%ずつといったところでしょうか。

資料の種類

資料は大別すると「スライド」と「ドキュメント」（加えて「スライデュメント」）

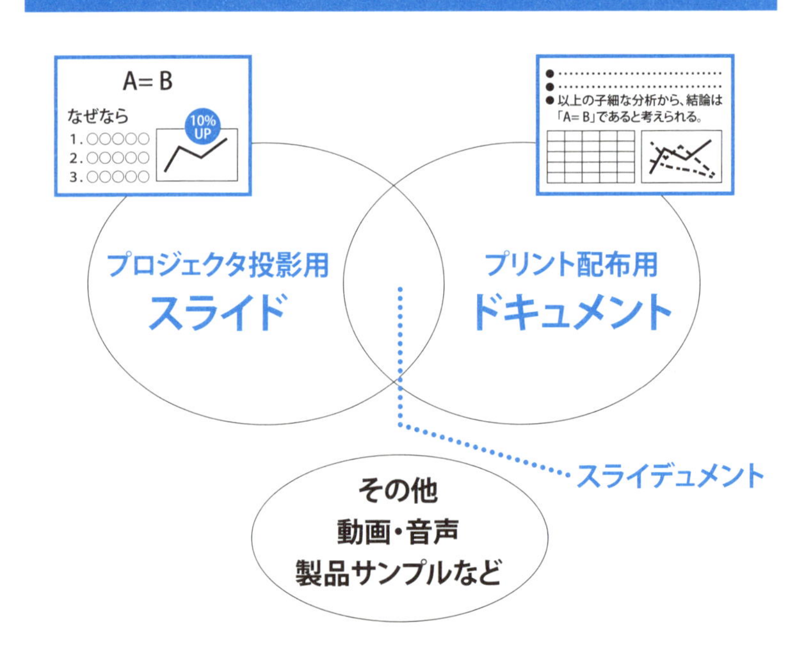

プレゼン資料は大別すると２タイプ。「スライド」と、「ドキュメント」。

ここからは、「資料」のお話です。プレゼンの「資料」にもいくつかの種類があります。

製品サンプルや動画素材などは別として、広義の「文書」に含まれるものとしては、**プロジェクタに投影する「スライド」と、プリントして手元に配る「ドキュメント」**に分けられます。

厳密な区分があって線が引けるわけではありませんが、「スライド」はあくまでもプレゼンターの「話」と共にあるもの。ポイントのみが記され、基本的に文字数は少なめで文字は大きめです。

対して「ドキュメント」はそれ自体で完結するもの。詳細な内容が書かれ、必然的に文字数は多く文字サイズは小さめです。

また、この中間にあるものを、やや否定的なニュアンスで「スライデュメント」と呼ぶこともあります。

「目と耳に訴える」という点からは、プレゼンには基本的には「スライド」が適しています。ただし実際に日本のビジネスでは「ドキュメント」や「スライデュメント」タイプが使われることも多いようです。

皆さんが日々行われるプレゼンは、ペーパーの「ドキュメント」で聞き手に説明する形も少なくないかもしれませんね。

ですから、本書では柔軟に「スライド」だけでなくその他のタイプの資料の特徴やそれらによるプレゼンについても、適宜説明を加えていきます。

PART 1
プレゼンの本質と全体

Chapter 2
類型の理解
Typology

プレゼンの類型

「内容」と「外形」でプレゼンを分類

内容の違い
- 目的別
- 課題（テーマ）別

外形の違い
- 人数別
- 機材・資材別
- 形態別

プレゼンのタイプを「内容」と「外形」で整理。プレゼンの全体像を理解する。

前章Chapter 1ではプレゼンの「本質」についてお話をしました。

この章では、プレゼンをいくつかのタイプ別に類型化し、その全体像を把握していきます。具体的には、プレゼンを大きく「内容別」と「外形別」に整理し、それぞれを整理していきます。

「内容別」とは、そのプレゼンの「目的」や「課題（テーマ）」による違いのこと。

「外形別」とは、言い換えると「見た目」ということ。ある意味で前章の「本質」という言葉の対義語になります。

この後でお話しするのは、左の図のように、「人数」「機材・資材」「形態」といった要素での分類です。

「外形的」は「本質的」の対義語と言いましたが、だからといって、こうした分類を理解することの重要度が低いわけではありません。

ものごとの全体像を理解するには、「本質」のみでなく、こうした「外形」の理解も必要だからです。これらの特徴を理解した上で、なるべく適した形を選択できるようにします。

①目的別

これから
やるべきこと

これまで
やってきたこと

「提案型」は、これからやるべきこと。
「報告型」は、これまでやってきたこと。

まずは、「内容の違い」から。その1つ目は「目的」によっての分類です。

大別すると、プレゼンの目的は**「提案」**と**「報告」**の２つです。

大雑把に言えば、**提案は「これからやるべきこと」**を伝えること。新規事業やマーケティング・キャンペーンの提案、新人事制度の提案などといったものが当てはまります。

報告は「これまでやってきたことの結果」を伝えること。プロジェクトの成果報告や営業成績の報告などが当てはまります。

それぞれのさらに上位の目的は、提案の場合であれば、「意思決定してもらうこと」、報告であれば「理解・納得してもらうこと」になります。もちろん、両者を合わせて「過去の活動の報告」にもとづいて「未来の行動の提案」をすることもあります。

実際の**ビジネス・シーンで多いのは、業種や職種にもよるとは思いますが、「提案型」**でしょう。本書でもこの後からは基本的に「提案型」を想定してお話をし、「報告型」については要所をつけ加えて行く形とします。

（なお、研究開発職の方やアカデミズムの「研究発表」もプレゼンと呼びますが、こちらは通常は「報告型」に含まれます。

また、プレス発表会などでの「新商品発表」、あるいは「講演・レクチャー」も広義のプレゼンに含まれますが、これらはテーマによっては「提案型」の場合も「報告型」のどちらの場合もあります。）

①目的別（それぞれの注意点）

「意思決定」してほしいことを明快にする。

事実の羅列だけでなく「解釈」を加える。

「提案型」では「意思決定」してほしいことを明確に。「報告型」では事実の羅列に終わらず「解釈」を。

前章Chapter 1で、プレゼンの本質は「自分の主張」を伝えることだと言いました。特に「提案型」の場合は、「主張」が最も重要です。

常に**自分が何を提案したいのか、聞き手に何を「意思決定」してほしいのか**。そのポイントを明快にしておきます。

ちなみに、子どもの授業参観などで小学生の「研究発表会（プレゼン授業のようなもの）」を見に行くと、模造紙のポスターなどを前にして子どもたちが一生懸命発表していて微笑ましいのですが、低学年くらいではまだ、「自分の意見を主張する」というところまではいきません。調べた「事実」を説明することはできても、「主張」はなかなか難しいのですね。

また、ビジネス・シーンにおける「報告型」プレゼンでは、ついつい「事実」だけに終わってしまいがちです。**プレゼンという場である以上は、それらの事実をもとにした「解釈」や「示唆」が求められる**ことが通常です。

もちろん、あえて「解釈」を含ませずに「事実」だけを求められる場合もあるでしょうが、その場合は本来的には「プレゼン」という言葉ではなく、「報告会・発表会」といった名称で呼ぶべき場になります（慣習的に「プレゼン」と呼ばれているなら、そのままでも特に問題はありませんが）。

②課題（テーマ）別

前項目「提案型」をさらに細分化すると

提案型

自由回答型

具体的な選択肢がない中で、自由にアイデアを提案する。
単なる「アイデアの羅列・披露」に終わらずに「主張＋根拠」、ベネフィット（便益）などを明確にする。

例：新商品提案、広告案提案など

選択肢型

限られた選択肢を前提に、最適な回答を提案する。
選択肢を比較し、それを選んだ根拠を明確にする。

例：設備投資案件の是非、
営業強化エリアの選定

「提案型」は課題（テーマ）によってさらに２つに分類。「自由回答型テーマ」と「選択肢型テーマ」。

次は、「課題（テーマ）」の種類によるタイプ分けです。

「自由回答型」、「選択肢型」という言葉は、あまり一般的な言い方ではありませんが、これらは前項目の「提案型」をさらに細分化した分類になります。

「自由回答型」とは、具体的な選択肢がない中で、ある程度自由に「アイデア」を提案するタイプです。新商品企画や広告企画の提案などがこれに該当します。

このタイプの場合、つい行なってしまう失敗は単なるアイデアの羅列や披露に終わってしまうことです。そのアイデアの提案の根拠、それによって得られるもの（ベネフィット、便益）を明確にすることが必要です。

「選択肢型」は文字通りに、プレゼンの前提として「限られた選択肢」があり、それらからの「最適な回答」を提案するタイプです。例えば、「設備投資案件の是非（イエスかノーか）」を判断して提案する、「（一定の候補の中からの）営業強化エリアの選定」などが該当します。このタイプの場合は、複数の選択肢の機会や問題点（メリットやデメリット）を比較し、選択した根拠を具体的に示すことが必要になります。

完全に厳密な区分ではありませんが、課題（テーマ）別としては、概ねこの２タイプになります。

③人数別

1人で長い時間
話す場合は、
聞き手の
"飽き"を防ぐ。

全体の統一感、
一貫性に注意。
"つながり"を
重視する。

外形で分ける場合、まず「人数」。1人で行なう「個人型」か、複数での「チーム型」か。

さてここからは「外形的なタイプ分け」です。

その1つめはプレゼンターの人数別です。簡単に言うと**「個人（1人）」か「チーム」か**の2つです。

「チーム」の場合は一般にリレーのようにテーマごとにプレゼンターがチェンジしていく形が多いですね。

本来的には、プレゼンは一人の人間が最初から最後まで話すのが理想です。しかし長時間でかつ内容が多岐にわたる場合は難しいこともあるでしょうから、チームで分担することになります。

チーム・プレゼンの場合の留意点は、全体の論理の一貫性です。この点に欠けると、聞き手はそのプレゼンの内容がまったくつかめなくなります。そうならないためには、プレゼン準備の段階で全体を見通すプロデューサー的な人が必要です。チームでのプレゼンの場合は、事前にそうした人を決めておきます。

1人でプレゼンする場合に気をつける点は、ダラダラと一本調子で話し続けないことです。10分を越えるような場合は特に気をつけます。強調すべき個所とそうでない箇所のメリハリが大切になってきます（この点については後ほど詳しくお話しします）。

④機材・資材別

プロジェクタ型	ペーパー型

ポインター操作などによって聞き手の「注目」を高めやすい。（読み飛ばされることがない）	手元で内容を読んでもらえる。（ただし勝手にページを読みとばされる場合も）

機材・資材で分けると、大きく2つ。「プロジェクタ」を使うか、「ペーパー」を配るか。

次に機材・資材別です。

大別すると**「プロジェクタ」を使うタイプ、使わずに「ペーパー（紙）」で説明するタイプ**の2つに分けられます（プロジェクタ」には「大型の液晶ディスプレイ」なども含みます）。

この一番の違いは、聞き手の「視線」を、ある程度こちらでコントロールできるか否かです。

プレゼンが「目と耳に訴える」ものである以上、「こちらが見せたいところを見せたいときに見てもらう」ことは重要です。

その点でプロジェクタの場合は、様々なアクション（ポインターや手の動き、アニメーション効果など）で聞き手の視線を一定程度コントロールできます。

なお、プロジェクタ型の場合、資料のプリントアウトはプレゼン終了後（質疑応答の前）に渡すのが一般的です。

ペーパーの場合は、聞き手はプレゼンターの話を半分聞きつつも、資料で自分の気になった箇所を目で追い、時には次のページをめくってしまいます。その結果として、その聞き手が見ている箇所とプレゼンターの話にズレが生じることが避けられません。

こうした観点から、**可能であればプレゼンはプロジェクタを使って行なう方が効果的**です。とはいえ、実際のビジネスでは、会議室で対面に座ってペーパー資料を説明することも多いでしょう。その際の具体的な留意点や対策については、後ほどお話しします。

⑤形態別

ボディ・アクション
によって、聞き手の
「注目」を高めたり、
こちらの「気持ち」を
伝えるのが容易。

相手の意見を
引き出したり、
議論をしながら
進めるのが容易。

形態別には、「起立型」と「着席型」。
基本的には「起立型」のプレゼンの方が効果的。

５つ目は「形態別」です。

これは、**立ってプレゼンするか座ってプレゼンするかということ。「起立型」と「着席型」です。**

一般的には、プロジェクタを使う場合には「起立型」、ペーパーの場合は「着席型」になることが多いと思います（プロジェクタを使う場合でも物理的なスペースの制約で「着席」になる場合もあります）。

これらにも、それぞれにプラス面とマイナス面があります。

起立型はボディ・アクションがしやすいので、聞き手の注目を高めたり、こちらの熱意を伝えたりといったことが容易です。繰り返しお話ししている「目と耳に訴える」という点からも、「起立型」の方がより効果的なプレゼンになります。

着席型は、ボディ・アクションは物理的に難しいですが、一般に聞き手との距離が近く視線が同レベルにあるため、相手の意見を引き出したり、議論をしたりしながら進めるのは容易です。

（なお着席型のもう一つの利点は、プレゼンターの手元に「話し原稿（スクリプト）」を書き入れた資料やメモを置きやすく、原稿に目をやりながら話すのが容易という点です。プレゼンターの技量レベルによっては現実的には「着席型」がベターとなる場合もあります。）

類型の全体

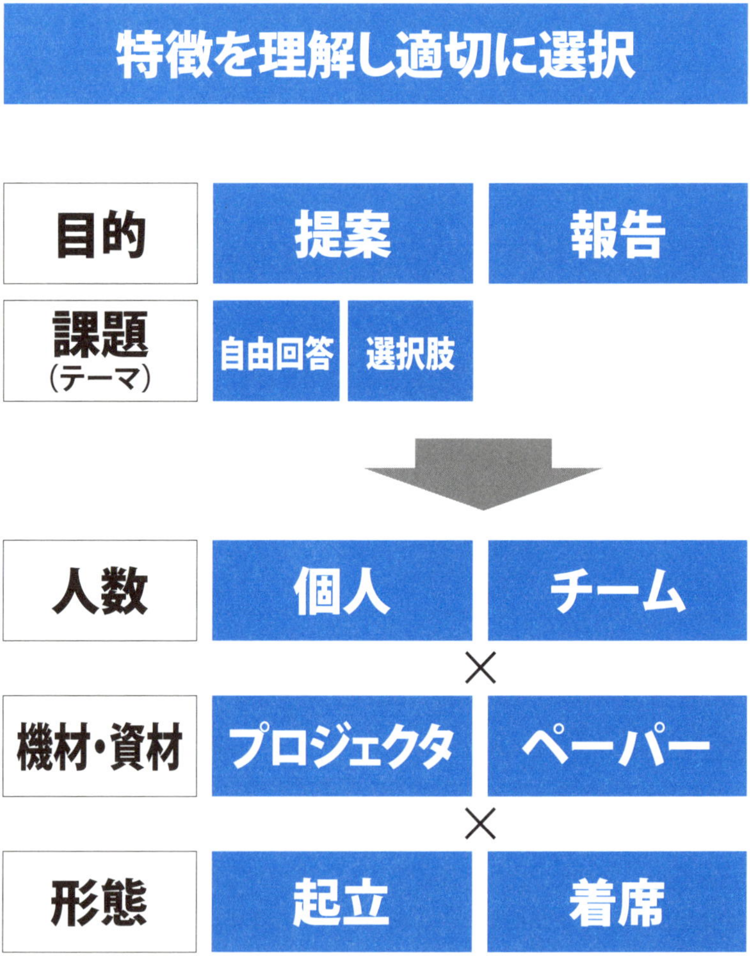

特徴を理解し適切に選択

目的	提案	報告
課題（テーマ）	自由回答 / 選択肢	

↓

人数	個人	チーム
×		
機材・資材	プロジェクタ	ペーパー
×		
形態	起立	着席

様々なプレゼンの類型。
各々の特徴を理解した上で、適切なタイプを選択する。

ここまで、大雑把にですが、プレゼンをタイプ別に分類してみました。

一口にプレゼンと言っても、その内容や規模（時間や資料のボリューム）は様々ですし、このようにいくつかのタイプがあります。

まずは**プレゼンにこうしたタイプがあることを知って、準備にかかる際には、どれが適切なのかを確認してから始め**ます。

会場の都合で選べない場合もあるでしょうが、自分の得意なタイプや苦手なタイプを踏まえた上で選択してください。

PART 1
プレゼンの本質と全体

Chapter 3
学びのフレーム
Schema

「学び」のフレーム

これから「学ぶ」のは次の３つ
まずしっかりと意識に刻む

①何を伝えるか？

②どう資料にするか？

③どう話し、
どう見せるか？

「学びのフレーム」とは意識の中の「枠組み」。これを意識することで「学び」の効率が高まる。

この章Chapter 3のテーマは、「学びのフレーム」です。

これは、**「そもそも、何を学べば良いのか」ということについて言語化して定義した、「枠組み＝フレーム」**のことです。

この「枠組み」のことを心理学の用語では「スキーマ（Schema）」とも呼びます。

心の中にこうした「枠組み」ができ上がっていると、細かな多数の情報が頭の中で体系化され、記憶されてとり出しやすくなる、といった結果になるようです。

比喩的に言うなら、「引き出しを仕切り板で仕切って収納物を整理する」、「パソコンのデータをフォルダ別に整理する」ことに似ています。

こうしたことから本書では、プレゼンを学ぶための「枠組み」を、

「何を伝えるか？」
「どう資料にするか？」
「どう話し、どう見せるか？」

と3つに区分します。

文字にすると当り前すぎるかもしれませんが、この枠組みを、「ぼんやりと」ではなくクリアに意識していることが大切です。改めて記憶に刻んでください。

PART 1
プレゼンの本質と全体

Chapter 3
学びのフレーム
Schema

Section-1
何を伝えるか?

プレゼンの核心

何を伝えるか？

主張

これがプレゼンの核心。
「主張」のないプレゼンは、プレゼンではない。

「主張」がプレゼンの核心。
「主張」のないプレゼンは、プレゼンではない。

では、３つに区切ったフレームの１つめです。そのプレゼンで**「何を伝えるか？」。ひとことで言えば「主張」**です。先にも言いましたが、これは最も重要なプレゼンの本質あり、核心です。

私が勤務先で若手社員によるプレゼンのリハーサルなどを見ていると、資料も丁寧に作ってあって、いろいろ良いことも言っているのだけれど、結局終わってみると何が言いたかったのかがよく分からない、ということが時おりあります。

これは、資料作りや話し方の技術のせいではなく、ほとんどの場合は、そもそも「自分の主張」自体が明快でないことが原因です。

終わった後に当人に、「で、結局は何を言いたかったの？」と聞いてみると、案の定返ってくる答えは曖昧（あいまい）で、自分の頭の中が整理できていなかったりします。

結局のところ、プレゼンテーションを**成功させるための核は「主張」を明快にする**ことに尽きると言っても過言ではありません。

なお、「報告型プレゼン」の場合は「主張」という言葉は、ややなじまないかもしれません。ただしその場合でも、「この報告で、結論として言いたいこと（単数でも複数でも）」をしっかりと認識した上でプレゼンすることは重要になります。

「主張」の条件

主張＝結論＋根拠

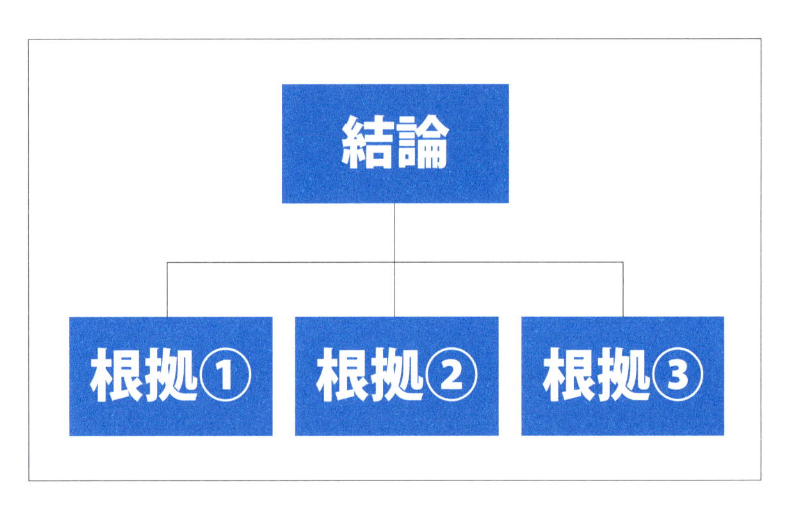

**根拠の明快でないものは
ビジネス・プレゼンにおける
「主張」とはならない**

「主張＝結論＋その根拠」。根拠が明快でないものは、主張になりえない。

さて、では「主張」とは何か。

「私は、このことについてこう思う」
これは一見「主張」に見えますが、ビジネスのプレゼンテーションにおける主張としては充分ではありません。

「私は、こうしたい」
これも単なる「気持ち・願望」であって、充分ではありません。

ビジネス・プレゼンテーションにおける**「主張」の条件は、それが、そう言える「根拠（理由）」とセットになっていること**です。つまり、**「主張＝結論＋その根拠」**という構造になります。

あえて極端に言えば、プレゼンにおいて伝えるべきことは、**「結論とその根拠」だけ**、さらに極論すれば**それ以外は不要むしろ邪魔**とも言えます（もちろん実際には、結論と直接関わりのない周辺情報や、意図的な余談が有益な場合もありますし、網羅的な分析結果を提示することでプレゼンターへの信頼感を高めることが必要な場合もありますので、これはあくまで極論です）。

なお左ページの図は、ロジカル・シンキングを勉強された方にはおなじみかもしれません。「ピラミッド・ストラクチャー」と呼ばれる構造です。一般に、3つ程度の「根拠」があることが望ましいとされていますので、根拠の数は3つにしています。

Section-1 何を伝えるか?

「主張」の例

我が社の教育制度は○○にすべきだ。
なぜなら〜。

新商品のターゲットは○○にすべきだ。
なぜなら〜。

弊社製品を採用いただいた場合の
貴社のベネフィット(便益)は
○○○、×××が考えられる。
だから、ぜひご採用を検討頂きたい。

貴社の現在の問題点は○○○。
その解決には×××の採用が最適。
なぜなら〜。

「主張」の例。
「○○＝××。なぜなら～」が基本の構文。

ここでは、プレゼンにおける「主張」の例をいくつかあげてみました。

もちろん、プレゼンのテーマや内容によって「主張」は千差万別なのですが、一般的な例としてあげています。

基本的には、**「私はこう思う。なぜなら～」といった構文、あるいは、「あなたはこうすべきだ。なぜなら～」といった構文で表される構造**になります。

ご自分でプレゼンされるときの「主張」を明文化する際の参考にしてください。

PART 1
プレゼンの本質と全体

Chapter 3
学びのフレーム
Schema

Section-2
どう資料にするか?

Section-2 どう資料にするか？

「資料作り」の核心

どう資料にするか？

ストーリー

「主張」を納得してもらうための
話の流れ

資料作りの核心はストーリー作り。ストーリーとは「主張」に納得してもらうための話の流れ。

ここからはフレームの2つめ、「どう資料にするか」についてです。

ここでいう「資料」とは、基本的にはプレゼン・ソフトなどで作成する「スライド」を中心に考えますが、「ドキュメント」や「スライデュメント」タイプを含めてとらえておいてください。

さて、結論として言うなら、**資料料作りの核心は「ストーリー作り」**です。「ストーリー」とは、こちらの**「主張」を聞き手に納得してもらうための、資料全体の構成・話の流れ**です。

ですから、「ストーリーを考える」ということは、「主張を納得してもらう」ために、どういった要素が必要なのか、どのような順番に伝えれば良いのかといった観点で考えることになります。

この原理原則を踏まえずに、プレゼンの資料を**「何となく必要そうに思える要素を、何となく並べただけ」で作ると、聞き手には「つながりの分からない」「いろんな情報を詰め合わせただけのデータ集」といった印象**を持たれてしまいます。

しかしストーリーとはそうした「漠然とした並び」ではなく、「主張に納得してもらう」という目的から計算した上での「全体のつながり」です。この点をしっかり踏まえておいてください。

Section-2 どう資料にするか？

ストーリーの本質

分かったようで分からない、「ストーリー」という言葉。

小説や映画のストーリーを例に説明すると…
↓
登場人物がいて、様々な出来事（エピソードや感情）が描かれる。
そこで描かれるすべてが、結末（エンディング）につながっている。

プレゼンのストーリーの本質とは…
↓
ビジネスや商品についての、様々な事柄（事実や発見）が語られる。
そこで語られるすべてが、「結論」につながっている。

ストーリーの本質とは、そこで語られているすべてが「結末」につながっていること。

さて、この「ストーリー」という言葉、最近ではビジネスの世界でも使われることが多くなってきました。ここでプレゼンにおけるストーリーの意味について、もう少し説明します。

案外、分かったようで分からないストーリーという言葉の意味ですが、まずは小説や映画の場合を例に説明してみます。

小説や映画のストーリーは、(前衛的な作品は例外として)そこに描かれる登場人物や出来事は「結末」と何らかの形で関係するように作られています。

逆に言うと、「結末にまったく関係しない登場人物や出来事はない」ということが、ストーリーというものの原則です。

ちなみに良くできたストーリーは、一見無関係な出来事や人物も登場人物の無意識に影響を与えていたり、最後に見事な伏線であることが作者によって明かされたりします。

それとは反対に、途中に描かれた"意味ありげ"なエピソードが、(伏線が回収されずに)結末に何の関係もなかったりすると、肩透かしを食らったような気分になります。

プレゼンにおけるストーリーも同様で、その本質とは、そこで語られる事柄が原則としてすべて「結論」に向けて繋がっていることです。すべてが「結論」につながるように、しっかりと組み立てることがストーリー作りに求められる条件になります。

ストーリーの力

さらにつけ加えるならば

小説や映画のストーリーには
読者や観衆の感情に訴えかける
「エモーショナルな力」がある。

ビジネスのプレゼンにおいても
この「エモーショナルな力」を
活用する。

ストーリーには「エモーショナル」な力もある。プレゼンにもその力を活用する。

また、つけくわえるならば、小説や映画の「ストーリー」には、読者や観衆の「感情」を動かすエモーショナルな力があります。

喜びや悲しみ、驚きやカタルシス。こうした感情を、優れた小説や映画のストーリーは生み出します。

詳しくは後で触れますが、**プレゼンテーションにおいても、聞き手の「感情を動かす」ことは重要**です。ストーリーを作る際にはその点にも気を配っていきます。ここでは、**ビジネスのプレゼンにおいても、ストーリーの持つエモーショナルな力が大切である**ということを覚えておいてください。

なお、小説や映画のストーリーについては、「起承転結」や「序破急」といった「型」を用いて説明されることも多いですね。プレゼンのストーリーも、このいずれかの概念を用いて説明される場合もありますが、私自身は、あまりこれらを積極的には用いません。

その理由は、そもそも「『起』とは何か」、『序』とは何か」から理解してもらう必要があり、説明が複雑になってしまうからです（また実際のビジネスのプレゼンにはこれらの「型」が、はまり難いケースが多いことも理由です）。

本書では、この後、よりシンプルな「ビジネス用語」で、プレゼン・ストーリーの構造について説明していきます。

（とはいえ「起承転結」や「序破急」を理解して使いこなしている方は、そのまま使い続けていただいてももちろん問題ありません。）

Section-2 どう資料にするか？

「プレゼン資料」と「調査レポート」の比較

プレゼン資料

原則として、そこに書かれる内容はすべてが結論（主張）につながっているべき。結論と関係のないものは、あえて切り落とす。

（一般的な）調査レポート

原則として、結論（調査からの示唆）との関わりに関連なく、すべての調査項目について記載する。

「プレゼン資料」は「結論」と関連あることのみ。「調査レポート」は調べたことをすべて網羅。

少しくどくなりますが、ここでは「ストーリーでないもの」と「ストーリー」を比較して、「ストーリー」の特徴を浮かび上がらせてみます。

比較するのは「プレゼン」の資料と、「調査報告会」のレポートです。

「調査報告会」は、プロジェクタに資料を投影しながら（または手元のペーパー資料をもとに）、発表者が話をするという外形はとてもよく似ています。

しかし、一般的な調査レポートには明快な「ストーリー」はありません。これは善し悪しではなく、それぞれの目的や性質の違いによるものです。

先に述べたように、**プレゼン資料は、そこで語られる内容は原則としてすべて「結論」につながるべき**ものです。

それに対して調査レポートは、**調査した項目（アンケートの場合であれば全質問への回答内容）を網羅的にレポートするのが原則**です。

通常はレポートの最終に「調査結果からの示唆」といったことが一種の「結論」として語られますが、その「示唆」とは直接関わりのない事柄も、調査レポートの性質上、報告する義務があるからです。

Section-2 どう資料にするか?

ストーリーの構成要素

では改めて、プレゼンにおける
ストーリーとは?

簡単な言葉で説明すれば

部品 と **順番**

ストーリーとは「部品」を「順番」に並べたもの。必要な「部品」とその効果的な「順番」を考える。

63ページで、一般的な小説や映画におけるストーリーは「描かれる登場人物や出来事が、すべて結末に繋がっている」という話をしました。

プレゼンにおいて、「登場人物や出来事」にあたるものが、各ページに書かれる「内容」です。それを本書では、「部品」という言葉で呼びます。

そして、その**「部品」を「順番」に並べたものが、プレゼンの「ストーリー」**です。

「部品」とは、例えば「売り上げ分析」であったり、「分析から見つけた問題点」であったり、「実行可能な解決策」であったりします（資料においては、多くの場合はそれぞれの「ページ」という形になります）。

つまり**「ストーリーを考える」とは、「結論（主張）」に向けて、必要な「部品」と、それを効果的に並べる「順番」を考えること**になります。

こう考えると、何となくぼやっとしていた「ストーリー」という概念が、一段階クリアになったのではないでしょうか。

ストーリーの基本構造

分析

主張

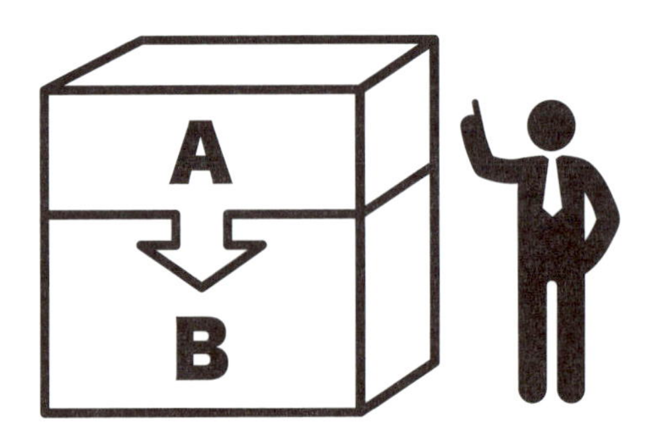

ストーリーの基本構造は、
シンプルに突き詰めれば「分析→主張」の形。

では、もう少し具体的に「ストーリー」の構造を見ていきます。

効果的なプレゼンのストーリーとは、テーマや状況によって千差万別です。

ですから例えば、**空欄を埋めて行けば自動的にストーリーが完成するような、便利な万能型のマニュアルはありません**。

とはいえ、**ほとんどすべてのビジネス・プレゼンテーションに共通する、「ストーリーの基本構造」といったものは存在します**。

それが、左ページの **「分析→主張」** の構造です。

この構造をベースに、「部品」を作り、「順番」を決めていくのがプレゼンのストーリー作りになります。

Section-2 どう資料にするか？

分析と主張の中身

分析＝事実＋発見
（「発見」が「根拠」に）
主張＝結論＋根拠

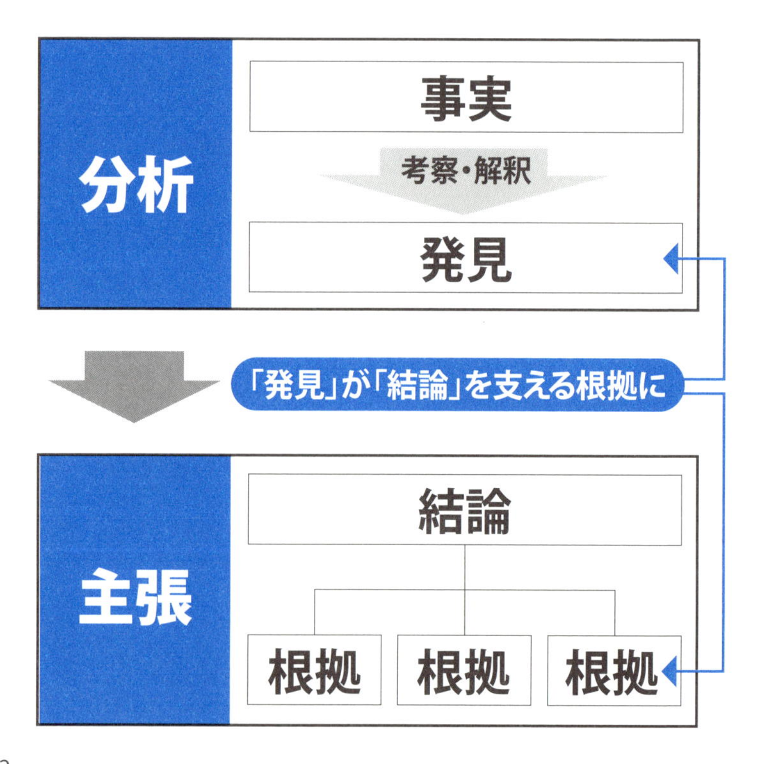

「分析＝事実＋発見」。「主張＝結論＋根拠」。分析からの「発見」が、主張を支える「根拠」になる。

ここでは、「分析」と「主張」もう一段階細かく分解して、その中身を見ていきます。

「分析」とは、「事実」を、考察・解釈し、何らかの「発見」を見出すことです。

例えば、「売上が落ちている」という数値データがあるとします。他のデータや事象を勘案しながら、その「原因は何か？」と考えることが分析です。または同様に「このまま売上が落ちたらどうなるか？」ということを予測することも分析です。

そうした中で、「これが根本的な原因ではないか？」「ここを修正すれば、売上を上向きにできるのではないか？」といった、あなたなりに見つけたことや気づいたことが「発見」です。

そして、**この「発見」が、「結論」を支える「根拠」になります**（逆に言うと「結論」は「発見」から導かれます）。上記の例であれば、「売上低迷の根本原因」を発見し、それを根拠の一つとして「売上向上の具体策を（結論として）提案する」といったことがストーリーの基本形になります。

こうした構造（それぞれの論理的関係）を踏まえた上で、「主張に納得してもらうためのストーリー」を組み立てていきます。

Section-2 どう資料にするか？

分析に使う部品の例

事実		
	市場シェア	売上データ
	社会トレンド	ユーザー意識
	他社事例	自社の強み・弱み
		など

発見		
	解決すべき問題点	目ざすべき目標像
	注目すべきトレンド	カギになるユーザー意識
	現市場での成功要因	最も重要な他にない強み
		など

「分析」のパートで使う「部品」も様々。
各種の「事実」とそこからの「発見」が主なもの。

では、プレゼンのストーリーに使う「部品」は、どのようなものがあるのでしょうか。

多種多様なプレゼン資料に使う「部品」をすべて網羅するようなリストは作りようがないのですが、事業戦略や新商品企画、マーケティング戦略などの提案の際に使用する部品としては、いくつかの定番的なものはあります。

参考まで、左にランダムに並べてみました。それぞれの具体的な内容というよりも、「こんな感じのものなんだ」というイメージをつかんでください。

なお、本書では詳細に踏み込みませんが、「３Ｃ」や「SWOT」といった戦略フレームワークも、使い勝手の良い部品の一つです。
興味のある方はぜひ勉強してみてください。

＊3C＝「Customers（市場・顧客）」「Competitors（競合）」「Company（自社）」の３つの観点から現状を分析するフレームワーク。

＊SWOT＝「Strength（自社の強み）」「Weakness（自社の弱み）」「Opportunity（市場の機会）」「Threat（市場の脅威）」の４つの観点から現状を分析するフレームワーク。

PART 1
プレゼンの本質と全体

Chapter 3
学びのフレーム
Schema

Section-3
どう話し、どう見せるか？

「話し方・見せ方」の核心

どう話し、
どう見せるか？

自信を持つ と 山場を意識

「話す・見せる（Delivery）」の核心。それは「自信」と「山場」の意識。

さて、ここからはフレームで区切った３つめの要素、「どう話し、どう見せるか？」についてです。

いわゆる「プレゼン上手」と評される方は、この部分に長けている方であることが多いかもしれません。これらの「伝え方」のことを総称して英語では「Delivery」という場合もあります。

プレゼンの舞台に立つにあたって覚えるべきテクニックはいくつもあるのですが、それは後に回して、本章Chapter 3ではまず、技術よりも重要な「心構え・メンタルセット」をお話しします。

その２つとは、端的に言えば**「自信を持つこと」**と**「山場を意識すること」**です。

「何だそんなことか」と思った方もいらっしゃると思いますが、この２つは、良いプレゼンターは間違いなく持っている「意識」です。

自信とは何か

プレゼン成功のために持つべきもの
（成功によって得るものではない）

持つための「方法論」は徹底したリハーサル

「自信」とは、成功のために持つべきもの。そのためには徹底したリハーサル。

「自信を持つための方法」というのは、なかなか論理的に提示できる性質のものではありません（自信があるように見せる技術というものもあるので後で説明します。とはいえそれは、やはりやや表層的なものです）。

ここで強調したいのは、「自信」とは**「成功した結果、自然と身につくもの」ではなく、「成功するために、意識して持つべきもの」**だということです。

「技術論」というよりも「方法論」として言えば、自信を持つためには「内容を徹底的に考え抜く」、そして「納得いくまでリハーサルを繰り返す」ということが、最も近道であり最適な方法です。

プレゼンにおけるリハーサルの重要性は誰もが強調しますが、それは単に「つっかえずに話す」というような表面的なことではなく、より根源的には、**「自信を持つため」にリハーサルをする**のだと考えてください。

Section-3 どう話し、どう見せるか？

自信を持つために

本番前の「メンタル・リハーサル」を習慣化

「自信」を持つためのちょっとしたコツ。本番をイメージしての「メンタル・リハーサル」を習慣に。

前項目で「リハーサルの繰り返しが、自信を作る」と言いましたが、**リハーサルのやり方にも、ちょっとしたコツ**があります。

皆さんは「メンタル・リハーサル」という言葉を聞いたことがあるでしょうか？　これは心理学などでも用いられる用語で、スポーツ選手などが大きな大会の前に行なうイメージ・トレーニングのことだと思っていただいても構いません（厳密には少し違う定義もあるようですが）。

イメージ・トレーニングというのは、場所を選ばずに、例えば就寝前のベッドの中や、移動中の乗り物の中などで、競技大会の際のポジティブな自己イメージをシミュレーションしていくメンタル強化手法ですね。

こうした場所を選ばないイメージ・トレーニングでも良いのですが、皆さんはせっかく、実際のプレゼンと同じ内容のリハーサルをするのですから、その際により強く本番をイメージしながらリハーサルをするとより効果的で効率的です。

といっても方法は単純で、自席でスクリプト（話し原稿）を読む際や会議室でリハーサルをする際に、**「本番の会場のイメージ」を思い浮かべながら、「メンタル・リハーサル」も兼ねて実際の「リハーサル」をする**ということだけです。

ちょっとしたことなのですが、案外これだけでも、本番で緊張が和（やわ）らぎ自信を持ってふるまえるようになるので、ぜひこの「メンタル・リハーサル」を習慣にしてください。

山場とは何か

ストーリー全体の中で
特に記憶に残したい箇所

事前に「山場のページ」を
決めておく

「山場」とは、特に聞き手の記憶に残したい箇所。準備の段階で「山場」を決めて、本番に臨む。

山場とは、英語で「クライマックス」になります。

小説や映画の「クライマックス」と同様、そのプレゼンで「最も盛り上がるところ」と言っても間違いではありませんが、より正確に、プレゼンにおける「クライマックス（山場）」の意味を説明するならば、プレゼンする側として**「最も聞き手の印象に残したい箇所・記憶に残したい箇所」**ということになります。

一般に、聞き手はプレゼンターの一言一句をすべて記憶するようなことはありません。しかも、（後でもお話ししますが）プレゼンの検討会議は翌日以降に行われるようなことも少なくありません。

ですから、こちらで意図を持って「覚えてもらいたい箇所」を設定し、その場で強調する必要があります。

「山場」の箇所はもちろん、プレゼンの事前に明快に設定しておきます。プレゼンターが**「ここが山場だ」と意識をしているだけでも、自然とその「山場感」は伝わるので「事前に設定する」**ことがとても大切です。

Section-3 どう話し、どう見せるか？

山場を決めるために

重要なスライドを「３枚」選ぶ

その「３枚」は論理的につながっていることが大切

「山場」は重要なスライド「3」枚。その「3」枚が論理的につながっていることが大切。

「山場」の決め方について、絶対の法則があるわけではありません。

ただし**一般的には「結論」とする部分、そしてそれを支える「重要な根拠」が、ストーリー全体の山場**になります。

それらがベースにあった上で、例えば、こちらが発見した「重要な問題点」、提案を採用した場合の「相手先のベネフィット（便益）」といったことを加えて、３か所程度をプレゼンの山場と設定しておくのが良いでしょう。

「３」という数字にも絶対的にこだわる必要はありませんが、**聞き手の記憶に残りやすい数として目安として３か所（スライド３枚）程度**と考えてください。

もちろん、プレゼン全体の長さによって変わっても構いませんが、あまり多すぎると"山場だらけ"になって意味がなくなりますので、最大でも５か所（スライド５枚）程度には抑えるべきです。

そして、**その「３枚」が論理的にきちんとつながって聞き手の頭に収まることがさらに大切**です。

私が部下や後輩のプレゼン資料をチェックする際には、「最重要のスライドを３枚選ぶならどれ？」といった質問をすることがあります。その際に「論理的につながった、重要な３枚」をスムースに選べるかどうかが、そのプレゼンがきっちりとしたストーリーになっているかどうかの目安の一つになります。

PART 1
プレゼンの本質と全体

Chapter 3
学びのフレーム
Schema

Section-4
まとめとOne More Thing

Section-4 まとめとOne More Thing

ここまでのまとめ

主張
（結論＋根拠）

主張に納得してもらうための

ストーリー
（部品×順番）

聞き手に対して

自信を持って

山場を意識して

プレゼンは、「主張」を「ストーリー」で「自信」と「山場の意識」を持って伝えること。

いったん、ここまでをまとめます。

プレゼンとは、

「主張」を「ストーリー」の形で、
「自信」と「山場の意識」を

持って伝えること。

ということが、ここまでの内容です。

Section-4 まとめとOne More Thing

もう一つ別の重要なこと ～One More Thing～

ここまでは基本の意識。
ここからもう１段階、意識を高めたい。

プレゼンとは エンターテインメント

という意識を持つ

**もちろんそれは、
単なる「派手な演出」や
気の効いたジョークを
連発することではない。**

もう一つの視点からの重要なこと。「プレゼン＝エンターテインメント」の意識を持つ。

前項目でいったん「まとめ」をお話ししたのですが、実はこの章 Chapter 3でもう一つだけお伝えしたいことがあります。

それは、**「プレゼンはエンターテインメントであるべきだ」ということ**です。
私が働いている広告業界ではよく言われることですが、この命題は業界や業種を問わず、すべてのプレゼンに当てはまります。

とはいえもちろん、「エンターテインメント」とは資料や会場を派手に演出するということではありませんし、気の効いたジョークを飛ばして会場を爆笑の渦に巻き込むといったことでもありません。

では、ここで言う「エンターテインメント」とは何か。

それは実は、先ほど（65ページ）でお話しした、**「聞き手の感情を動かす」という、ストーリーが持つ特徴と大きく関連**します。

「エンターテインメント」の意味

聞き手の「感情」を揺り動かす

サプライズ（驚き）と期待感

「エンターテインメント」とは、感情を動かすこと。「サプライズ」と「期待感」を感じてもらう。

「プレゼン＝エンターテインメント」という命題の背景にあるのは、「人は必ずしも論理だけで意思決定していない」という事実です。

「このプランに賭けてみたい」「自分の感覚に合っている」「このチームと仕事をしてみたい」。こうした「感情」が意思決定には多かれ少なかれ影響します。**プレゼンにおける「エンターテインメント」はそうした「感情」を醸成する**役割を担います。

そして、一口に感情と言っても「楽しさ」「共感」など様々ですが、**ビジネス・プレゼンにおいて聞き手に感じてもらうべきものは、「サプライズ（驚き）」と、「期待感」**の2つです。

「サプライズ」は、聞き手が気づかなかった問題点やその解決策、マーケットチャンスや、「その手があったか」という企画のアイデア自体へのポジティブな感情。

「期待感」は、「この提案を採用すれば」「この人に任せれば」うまくいきそうだという、将来へのポジティブな感情。

「サプライズはあるか？」「期待感を感じてもらえるか？」。この２点はプレゼンを成功させるための重要なチェック・ポイントです。

＊セクション名の「One More Thing」は、故スティーブ・ジョブズ氏（アップル社元CEO）がプレゼンで使う決まり文句でした。氏のプレゼンは、まさに「サプライズ」と「期待感」にあふれていました。

PART 2：
プレゼンの技術

〈PART 2で学ぶChapterについて〉

Chapter 4
資料を作る技術

Chapter 5
話す、見せる技術

Section-1 ストーリーを作る技術

Section-2 ページを作る技術

Section-1 話す技術

Section-2 見せる技術

PART 2
プレゼンの技術

Chapter 4
資料を作る技術
Material

Chapter 4の内容
資料作りの核心

頭の中にある

「考え」

目に見える形に

具現化

物質化

（Materialization）

資料＝マテリアル(material)。
資料作りはマテリアリゼーション、つまり物質化。

「プレゼン資料」のことを英語では「presentation material」と呼ぶことがあります。「material」とは、そのまま直訳で「資料」という意味ですね。

そしてこれが、「materialization」という単語になると「具現化・物質化」という意味になります。**「プレゼンの資料作り」とは、まさにこの「具現化・物質化」のこと**です。

よりイメージを伝えやすく補足して訳すなら、**「頭の中の考えを、目に見える形に物質化すること」**といっても良いかもしれません。

日常的には、「紙にする」「紙におとす」という言い方をする方も多いかもしれませんね（当然、この場合の「紙」は物理的な紙と電子的なデータの両方を含みます）。これも「物質化」の比喩でしょう。

この「頭の中を、物質化する」という意識を持つことは実は案外重要です。これはつまり、「自分の頭の中を対象化（客観的に対象物にしてみること）」ということになります。

「自分が何を考えているのか」は、なかなか自分でも分かっておらず、言葉や形にできにくいことも多いですから、様々な形で、抽象的な「考えていること」を具現化・物質化することは、ビジネス全般において重要な能力になります。

資料が重要な理由

ビジネス・プレゼンは、
後日検討されることも多い。
だからこそ「資料」が重要。

プレゼン
当日

検討会議
（翌日など）

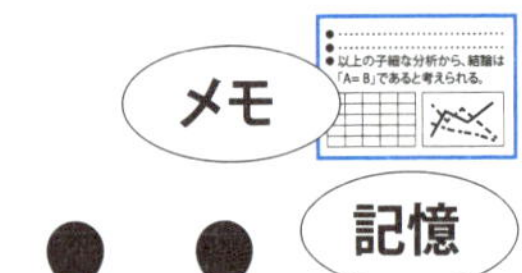

プレゼン内容は後日の会議で検討されることも。だからこそカタチに残る「資料」が重要。

85ページでも少し触れましたが、ビジネス・プレゼンテーションでは、内容が子細に検討され最終的に**意思決定されるのは、プレゼンのその場ではなく、後日の別の会議になる**場合があります（顧客企業に向けたプレゼンは、その場で決まる方が少ないでしょう）。場合によっては、プレゼンを聞かなかった方が最終意思決定者である場合もあります。

この点はビジネスにおけるプレゼンの特徴の一つでもあります。

いわゆる「講演・レクチャー」、あるいは「プレス向けの新商品発表会（これは広義ではビジネス・プレゼンに含まれますが）」といった場合は、スライドを用いながら聴衆に向かって話すという形式は似ていても、翌日以降にそのスライド資料がミーティングで子細に検討されるといったことは、ほぼありません。そもそもスライドのデータやプリントしたペーパーを渡さないことも珍らしくはありません。

転じて、聞き手に意思決定を求めるビジネス・プレゼンテーションにおいては、その資料を渡すことがほとんどでしょう。

聞き手は、**投資が必要でリスクも生じるその意思決定を、それらの資料や自分のメモを見て、記憶をたどりながら行なう**ことになります。

つまりそれだけ、ビジネスのプレゼンにおいては資料が重要だということであり、**「後日の検討会議の材料になる」ということまでを想定してそれを作る必要がある**ということです。

資料タイプの特徴と選択ポイント

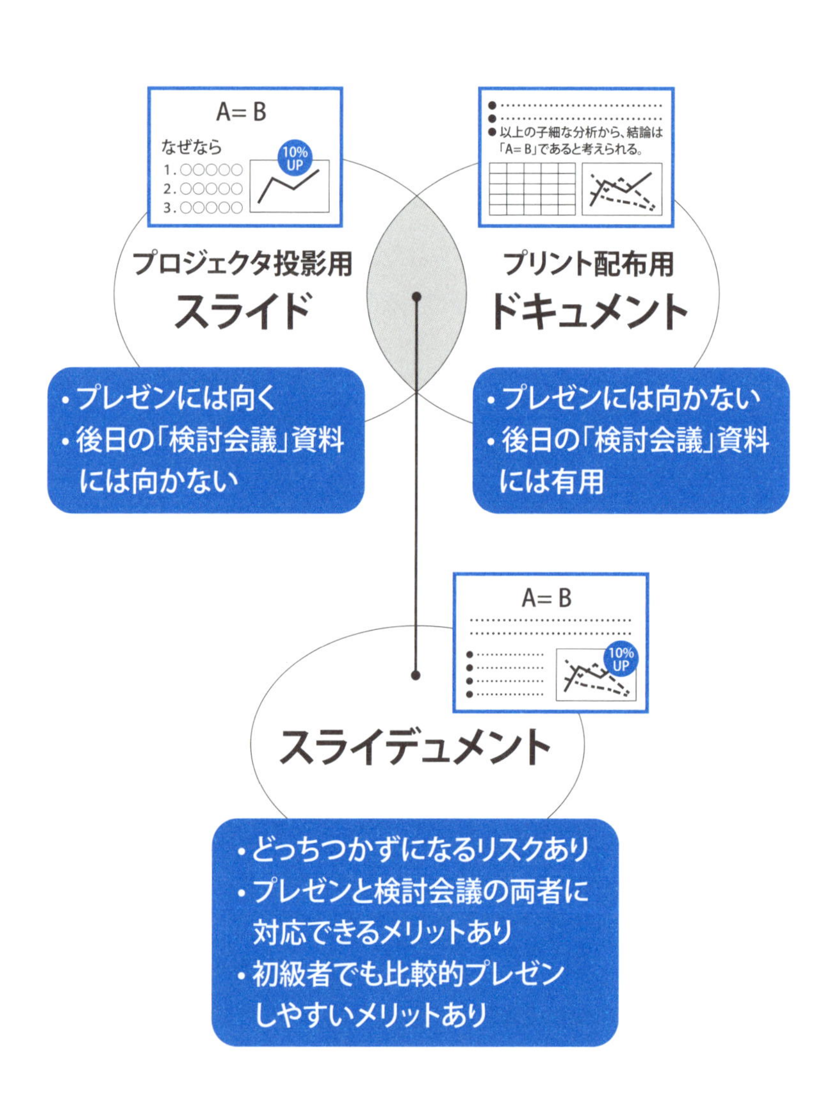

「スライド」「ドキュメント」「スライデュメント」。状況によっては「スライデュメント」が適切なことも。

さて、Chapter 1（27ページ）で、プレゼンの資料には大別すると「スライド型」と「ドキュメント型」があり、その中間として「スライデュメント型」という言葉もあるとお話ししました。

繰り返し述べてきたように、プレゼンは「目と耳に訴える」ものなので、**本来的には、文字数が少なく視覚的に内容を捉えやすい「スライド型」が適して**います。

しかし一方、前述の通りビジネスの場では翌日以降に「資料をもとに会議で検討される」ことが多いのも事実です。そのため、**「資料はポイントを箇条書きのみで、詳細は口頭で」というスタイルは、必ずしもビジネス・プレゼンに最適とは限りません**。

投影するスライドとは別に詳細についての手渡し資料を用意するとしても、**後日の検討会議での意思決定に必要な最低限の内容は、スライド資料にも記載**しておくべきでしょう（詳細な添付資料は必ずしも目を通してもらえるとは限らないからです）。

こうした点を考えると、情報量がやや多めの"スライデュメント"寄りの資料が適している場合も少なくないのが現実です。

また、このスライデュメント型は、**ある程度内容が書き込まれているため、初級者にとってはプレゼン自体がしやすい**というメリットもあります。

原理原則にこだわり過ぎずに、**目的と状況に応じて適切にこれらのタイプ（情報量）を使い分けて**ください。

資料を作る技術の2領域

ストーリー作りの技術

ページ作りの技術

「資料作り」の領域は大別すると２つ。全体の「ストーリー作り」と、個々の「ページ作り」。

さて、ここからは、より具体的な「資料作りの技術」についてお話ししていきます。

「資料作り」の領域は、プレゼン全体についての「ストーリー作り」と、資料１枚ずつの「ページ作り（シート作り）」の２つになります。

企画書や提案書などの資料作りに慣れていない方は、「1ページずつの内容は書けても、全体の流れを作れない」ということが多いのではないでしょうか。

この章Chapter 4ではまず、全体のストーリー作りの技術を、そしてその次に、資料の各ページを作る技術について、順を追ってお話ししていきます。

PART 2
プレゼンの技術

Chapter 4
資料を作る技術
Material

Section-1 ストーリーを作る技術

Section-1 「ストーリーを作る」の内容

「やるべきこと」と、その「やり方・順番」

- 「するべき行動」と「考えるべき内容」
- 作業工程(順番)の原則
- うまくまとまらないときの対策
- ラフ・ストーリーの骨格と、そこからのブラッシュアップ手法

知るべき知識と具体的サンプル

- 「結論が後」「結論が先」のストーリーの2パターン
- 「接続詞」による「つながり」のチェック
- ストーリーのサンプル

その他の技術

- 表紙とタイトル
- 目次
- 中表紙

「ストーリー作り」のための、「やるべき行動」「考えるべき内容」「知るべき知識」。

ではまず、Section-1は「ストーリー作り」です。

このセクションでお話しするのは、大きく分けると左ページにある3段階です。

プレゼンの「ストーリー作り」は不定型業務であり、マニュアル化が困難な業務の一つです。また、そのノウハウについても言語化して共有しにくい知識（専門的には「暗黙知」と呼びます）である側面が強くあります。

ここでは、それらをできるだけ、言語化して共有できる知識（こちらは「形式知」と言います）にしていきます。

1段階目は、そもそも、どういう「行動」をして、何を「考え」たら良いのかをなるべくイメージがしやすいように整理しました。

その後に、どのように「作業工程」を進めるか、その作業の際に役立つコツをいくつかご紹介しています。

2段階目は、もう1歩進んで「ストーリーを具体化するにあたって知っておくべき知識」、1例としての「ストーリー」のサンプルを提示します。

3段階目は、「その他の技術」として、どちらかと言えば断片的なテクニックや知識のご紹介をします。

ストーリー作りの「行動」と「思考」のパターン

まず調査と分析。
ハードに手と頭を動かす
時には足も。

自分にとっての「発見」を
いくつか集める。
そしてそれを整理・分類する。

「発見」をもとに
「初期仮説」を組み立てる。

「ストーリー作り」のための行動と思考。「調査分析」から「発見」、そこから「初期仮説」を。

ここでは、プレゼンのストーリーを作るための、大雑把な段取りを整理しておきます。プレゼン資料を作るための、「行動」と「思考」の1パターンと言ったところです。

まずは**広い意味での「調査・分析」がスタート**です。もちろん数値データを扱うだけが調査や分析ではありません。

事業戦略やマーケティングに関わることなら、数値的なデータやトレンド分析はもちろん、現場に足を運んだり、詳しい人に話を聞いたりします。同様に、社内的なプロジェクトでも状況を調べたり、ヒアリングなども大切です。こうした具体的な「行動」から資料作りはスタートします。

そしてそこから、あなたなりの「発見」をすることが次に重要なステップです。漫然とデータを見たり人の話を聞いていたりするだけでは、何も「発見」はできません。常に、「このデータや発言の裏には何があるのだろう？」、「このままだとどうなるだろう？」などと感覚を研ぎ澄ませておくことが大切です。そして**「おや、なぜだ？」、「なるほど！」という、自分の感覚を大事にしながら「思考」し、自分なりの「発見」を探し**ていきます。

そうして集めた「発見」の中で**カギになりそうなものが「キー・ファインディングス」**です（これについては次項目で少し説明を加えます）。

そしてそこから**「初期仮説（最終的な「主張・結論」の前段階の仮説）」を組み立て**るのが、大まかな行動パターンです。

キー・ファインディングスとは

キー・ファインディングスはストーリーの中核。聞き手に驚きや感銘を。

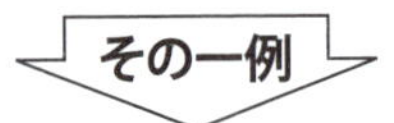

解決すべき **真の問題点** Problem
問題点の **根本的な原因** Root Cause
他社が見つけていなかった **隠された機会（チャンス）** Opportunity
市場環境変化に対応した **事業の成功要因** Key Factor for Success
多くの人が気づいていない **人間の深層心理** Consumer Insight

「キー・ファインディングスは、ストーリーの中核の1つ。聞き手に「驚き」や「感銘」を感じさせることを。

分析の段階での**「発見」の中から、プレゼン・ストーリーのカギになりそうなものを選定します。それが「キー・ファインディングス」です。多くの場合、これが、「結論を支える主要な根拠」になります。**

そしてこれは、多くのプレゼンで「山場」となります。「聞き手」に、「なるほど！」「そういうことか！」と驚きや感銘を感じさせる事柄であることがベストです。

キー・ファインディングスはプレゼン・ストーリーの中核ですから、**この部分について聞き手が新鮮に感じてかつ納得できるかどうかは、それを根拠とする「結論」の納得具合に非常に大きく影響**します。

ぜひ、様々な分析や考察から、納得いくキー・ファインディングスを見つけ出してください

なお、どのようなことがキー・ファインディングスになるかについては、そのプレゼンのテーマや内容次第なので一概には言えないのですが、左ページのようなものがその一例です。

具体的な内容というよりも「こんな感じのことなんだ」というイメージをつかんでおいてください。

作業の順番（工程）についての原則と実際

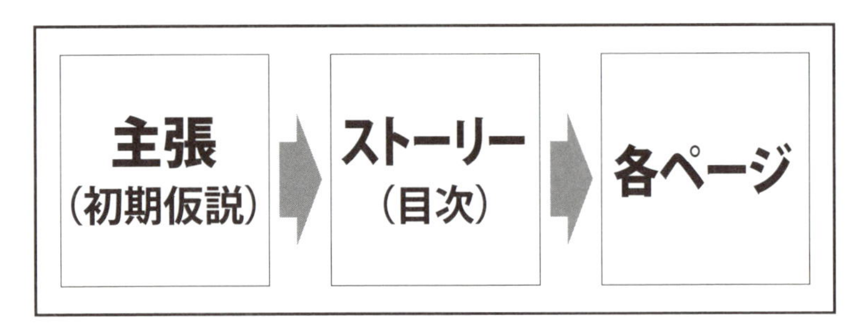

原則としてはこの順が望ましいが現実にはもう少し柔軟でも良い

「主張」を決め「ストーリー」、「各ページ」作りへ。これが原則だが、場合によってはもう少し柔軟に。

いろいろ調べたり分析したりしていく中で、100%の確信ではないけれど、このあたりが結論になりそうだという**「初期仮説」が見えてきたら、ストーリー作り**にかかります。具体的には**「目次」という形にして、全体の流れを組み立て**ます。そしてそれができたら、**その後に「各ページ」**を作りはじめます。

一般的手順としては、いきなりパソコンのプレゼン・ソフトで作りはじめるよりもまずは手書きで作りはじめる方が効率的だと言われますが、人によってはプレゼン・ソフトの方が要素の順番入れ替えや文字の変更が容易なのでやりやすい、という方もいるかもしれません。このあたりはご自分がやりやすい方で良いと思います。

また、「目次が完成する前に、1枚1枚のスライドを作りはじめてはいけない」という考え方もあります。

その理由として「必要のない無駄なページを作ってしまうことになり作業効率が下がる」ということがあげられます。

これにはもちろん一理あるのですが、私自身はこの「目次→各ページの順に」を絶対的なルールとまでは考えておらず、あくまでケース・バイ・ケースだと考えています。

（その理由は、次のページでお話しします。）

考えがまとまらないときのコツ

視覚情報の
脳へのフィードバック

簡単に言うと
まず書いてみて
それを**見ながら**考える

考える

書く
（文字・図にする）

考えがまとまらないときには、まず書きはじめてみて、それを見ながら「考える」という方法も。

前項目で、「目次→各ページの順に作る」が絶対ではないと言いましたが、その理由は、「書いたものを見ながら考える」ことが、成果物（ここでは資料）の質を高めることが多いと、経験的に感じているからです。

「何となく『仮説』はできてきているけれど、ストーリーがぼやっとして考えがまとまらない（または、仮説すらまとまらない）」ときには、思いついた書きやすいページから書き出してみるのが、ストーリー作りを進めるための現実的な対応策の一つです。

つまり、「書いたページを見ながら、ストーリーを考える」という、一種のフィードバックです。

ですから、もちろん「書きっぱなし」では意味がありません。

ともかく、何枚か書いてみたら、「それらを**プリントアウトして、目の前に並べて、それらを見ながら考える**」ということが、思考を進めるための大切なコツになります。**「考える→書き出す→（書いたものを）見て考える」というフィードバック**です（ただし、この時点でレイアウトやデザインにこだわると作業効率を著しく下げますから、ここは"殴り書き"レベルに止めるべきです）。

脳科学について詳しくはないのですが、私の感覚としては、人間の脳はおそらくこうした「感覚情報（視覚情報や聴覚情報）からのフィードバック」によって活性化し、抽象的な論理思考が進んだり、アイデアのひらめきに繋がったりすることが多いように感じています。私の経験則からの仮説ですがそのように思います。

Section-1 ストーリーを作る技術

枚数が多くなってきたときのコツ

さらに
ページ数が多くなって
一覧できなくなってきたら

「壁貼り法」
（会議室の壁に並べて貼る）

枚数が多くなって考えがまとまらなくなったら プリントして壁に並べて貼って、見ながら考える。

さらに、とりあえず書いてみた資料の枚数が多くなって、その流れ（ストーリー）が分からなくなったときの対処法をお教えします。

それは、プリントして**「壁に並べて貼る」**ことです。

私は個人的に**「壁貼り法」**と読んでいます。冗談のような原始的な手法ですが、これはとても**効果的な、「ストーリーの流れを、（物理的に）視覚化するメソッド」**です。

たとえば、多くのビジネス・ワークショップでは、「付箋紙に思いついたことをランダムに書き出して、それらを大き目の模造紙や壁面に貼っていき、構造化する」といった手法を用いますが、基本的にまったく同じ原理です（発想法で有名なKJ法も同様です）。
ページ数が多いプレゼンの際には、ぜひお試しください。

（念のためですが、この方法を使う際には、テープなどで貼ったペーパーを剥がした後に壁が汚れたり壁紙がはがれたりしないか事前にご確認ください。）

ラフ・ストーリーの構造例

「分析→発見→結論」の順でラフなストーリーにする。

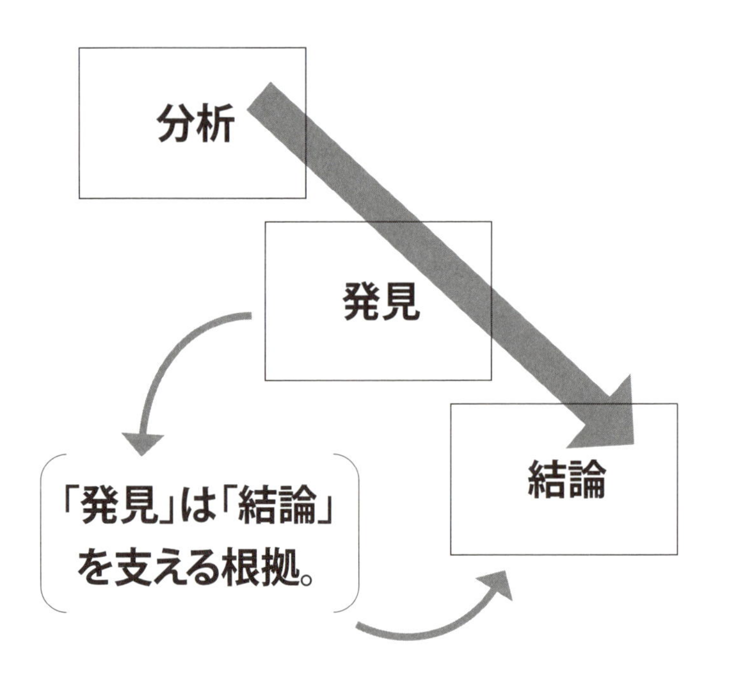

まずは、「分析→発見→結論」の３段構造でラフなストーリーの骨子を作る。

ストーリーの構造は、大雑把に言ってしまえば「分析→主張」だということは71ページで述べました。

そして、それをさらに分解すると「分析＝事実+発見」で、「主張＝結論＋根拠」になるということも73ページでお話ししました。

この「発見」した事柄は、多くの場合は「結論を支える根拠」になります。

つまり、ひとまずラフにストーリーをまとめるための構造は、**「分析→そこからの発見→その発見を根拠とする結論」**の3段構造になります。

平易な言い方にすると、**「こんなことを調べてみたら、こんなことを発見しました。だから、このような結論を主張します」**といったものが最もシンプルなストーリーの構造になります。

ラフ・ストーリーの ブラッシュ・アップ方法

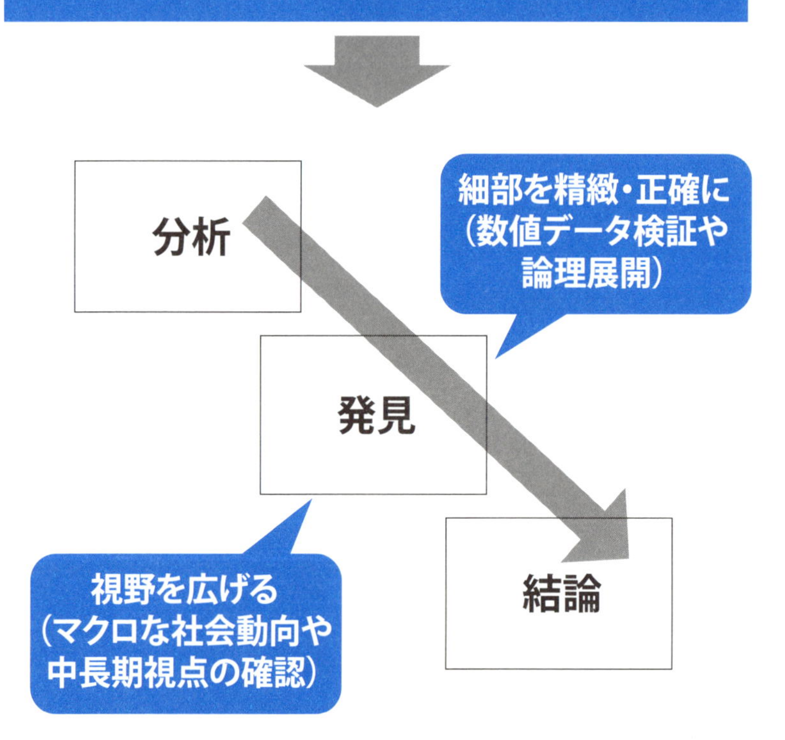

次に、それを肉づけ、精緻化。
細部を詰め、視野を拡げ、掘り下げる。

ラフな仮説のストーリーが組み上がってきたら、次は肉づけと掘り下げ、細部の詰めに入ります。いわゆる**ストーリーのブラッシュアップ（磨き上げ）**です。

一般的な傾向として、**仮説のストーリーを考えている当初の時点では、どうしても視野が狭くなりがち**です。

「視野が狭い」とは、「物事を短期的にしか考えていない」ことであったり、「業界全体や社会全体の動向を捉えていなかったり」といった状態です。

また、初期のころは**論理的に飛躍していたり、情報にノイズ（本来は結論と関係ない事柄）が混じっていたりすることも多く**なります。

ですからたとえば、

- **中長期的な視点で見ても問題はないか？**
- **マクロな社会動向やトレンドとの関係は問題がないか？**
- **論理のつながりにおかしなところはないか？**
- **結論と関係ない余計な情報が含まれていないか？**

といったことをチェックして、新たに分析すべき事柄や、主張をサポートするファクトやデータがないかを検証することになります。

そうした部分を補正し新しい視点を加えて行くことで、ストーリーのブラッシュ・アップをしていくのがこのステップです。

ストーリーにおける結論の位置 ～「後」と「先」の2パターン～

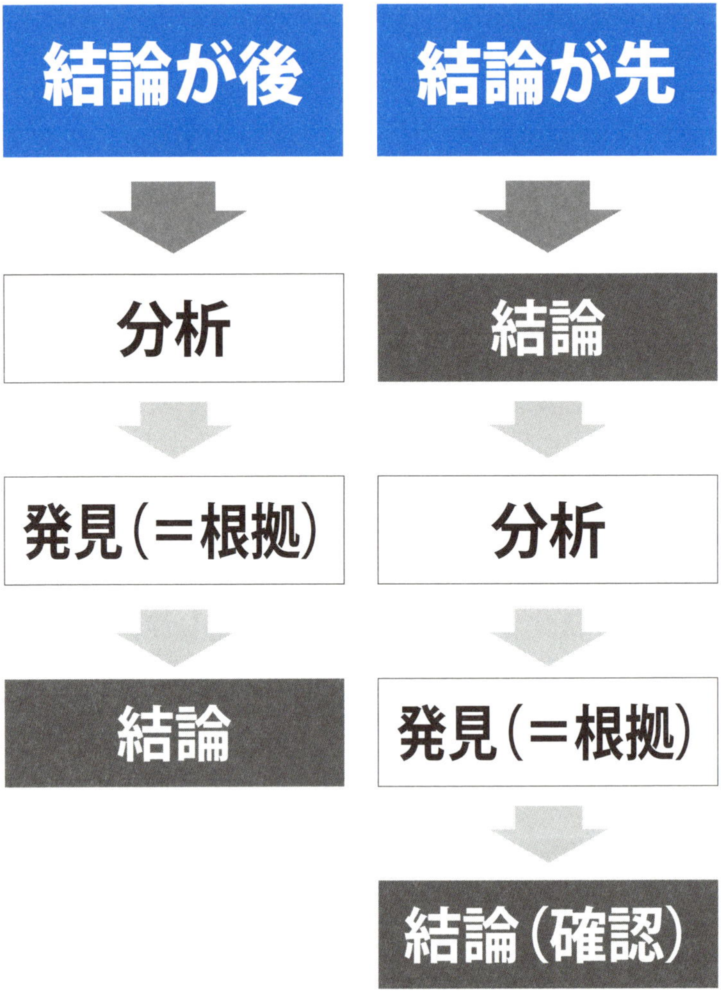

結論が後	結論が先
分析	結論
発見（＝根拠）	分析
結論	発見（＝根拠）
	結論（確認）

実際にプレゼンする際のストーリーには「結論が後」と「結論が先」の２パターンある。

さて、ここまで原則として「分析→発見→結論」という構造についてお話ししてきました。

考える際の基本構造はこの順番で良いのですが、最終的に**プレゼンで話をしていく際のストーリー（順番）には、大別して「結論が後」と「結論が先」の２パターン**があります。

この２タイプの選択について、「プレゼンは、絶対に結論を先に」という意見もありますが、私自身は「絶対に」とまでは思いません。あくまで**状況次第、ケース・バイ・ケースで選択すべき**です。

次項目から、その両タイプをどのように選んだら良いかについてお話ししますが、まず、大雑把に両者を比べると、２つは左ページのような対比になります。

「結論が後」タイプは、これまで述べたように、「分析→そこからの発見→それを根拠とした結論」というのが基本構造。

「結論が先」タイプは、（あいさつなどが終った直後の）冒頭に「結論」を言い切ります。その後に、そこに至った分析の過程と根拠を説明し、最後に再び確認として結論を繰り返すのが一般的な流れになります。

「結論が後」パターンの特徴

比較的オールマイティで初級者もプレゼンしやすいが飽きられるリスクあり

分析

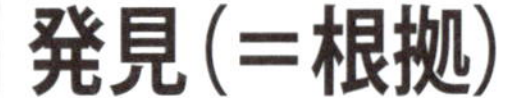

【メリット】

- 徐々に山場から結論に向かうので、話しやすい。
- 課題が「自由回答型」でも「選択肢型」でも、対応が容易。

【デメリット】

- 結論までが冗長だと、飽きられてしまうリスクがある。
- 聞き手が独自の結論に〝勝手に〟辿りついてしまうリスクがある。

「結論が後」パターンは、比較的オールマイティ。プレゼンしやすいが、途中で飽きられるリスクも。

では、それぞれの特徴を説明します。

「結論が後」タイプは、**ベーシックなオールマイティ・タイプ**と捉えてください。

ストーリー全体の流れとして、いくつかの山場を経ながら徐々に結論に向かうので、あまり**慣れていない方にでも話しやすい**ストーリーです。
また、37ページで説明した「自由回答型」でも「選択肢型」のどちらのタイプにも対応が容易です。

ただし、聞き手の多くが最も聞きたい「結論」が最後のパートになりますので、そこに至るまでに**飽きられてしまい、聞き手の集中力が低下してしまう**といったリスクがあります。
加えて、途中で提示したデータなどを聞き手側が解釈し、途中で聞き手が「独自の結論」に"勝手に"辿りついてしまうリスクもあります。

ただしこれらは、このタイプの持つ構造的欠陥ではなく、「結論までのストーリーが冗長だった」というプレゼンター側の技術的な部分に原因があったと考えるべきです。
「結論が後」の場合は、その**「飽きさせないストーリー」への配慮が特に重要**になります。

「結論が先」パターンの特徴

**飽きられるリスクは低い。
題材によっては不向きで
慣れていないとやや難しい**

結論

根拠（＝発見）

【メリット】

- 最初に結論を話すので、そこに至る前に飽きられるリスクはない。
- 結論に至る前に、余計な解釈をされるリスクがない。

【デメリット】

- いきなり"山場"から始まるので慣れていないと話しにくい。
- 「選択肢型」プレゼンには向いているが、「自由回答型」プレゼンにはやや不向き。

「結論が先」パターンは、ややプレゼンしにくい。飽きられるリスクは低いが、テーマによっては不向き。

続いて「結論が先」のパターンです。

このパターンのメリットは、最初に「結論」を言い切るために、そこに至るまでに**飽きられるリスクがない**ことです。

ただし、デメリットとしては、「いきなり山場」から話すので**慣れていないと話しにくい**場合があります（比喩的に言うと、カラオケで、前奏なしでいきなりサビから歌いだす曲にチャレンジする感覚でしょうか）。

また、やや題材を選ぶタイプでもあります。

たとえば、前出（37ページ）の**自由回答型の「アイデアを提案」するプレゼンには、どちらかと言えば不向き**です。背景情報がないところに唐突に「新商品アイデア」や「広告案」を見せると、反射的に個人の「好き・嫌い」や「感覚に合う・合わない」で判断されてしまう危険性があるからです。そして、その後で根拠や背景を説明しても、その「第一印象」の影響が大きく、それを拭い去ることが容易ではないからです。

ですからどちらかと言えばこのタイプは、**「選択肢型」プレゼンの方が向いている**と考えてください。

その場合は、結論の「選択肢」は最初から聞き手の頭に入っていますので、冒頭に提示された結論を「反射的に感覚で判断」してしまうことはありません。ひとまず「じゃあ、その理由を聞いてやろう」というフラットな態度で聞いてもらえるからです。

「接続詞」の技術

ストーリーの流れは ページをつなげる「接続詞」 で確認する

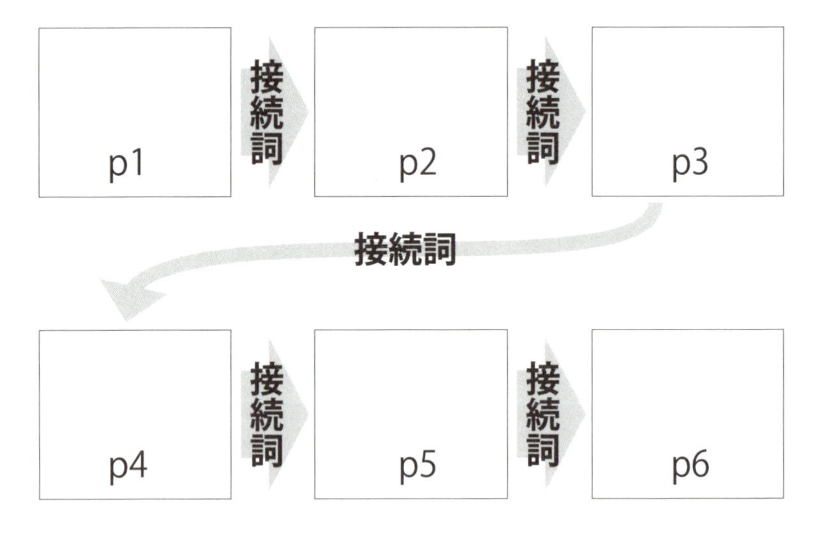

「論理のつながり」とは、ページ間をつなぐ接続詞。ストーリーの流れは「接続詞」でチェックする。

さて、徐々に「部品」がそろってきて全体の流れができたら、改めてページとページのつながりを確認し精緻化していきます。

その際のテクニックとしては、**各ページを並べて「接続詞」でつなげてみることが効果的**です。プレゼンのストーリーにおける**「論理のつながり」とは、このページとページをつなぐ「接続詞」のこと**だと思ってください。

接続詞とはもちろん、「そして」「であるから」「しかし」などの単語のことで、主に使う接続詞については次の項目で説明します。

ページとページの間に**「接続詞」を置こうとして、うまく「置けない」場合は、そもそもストーリーがつながっていないということ**ですから、この「接続詞」の確認はストーリー作りの重要なポイントの一つです。

よく使われる接続詞とその意味

だから
（この結果として／このことを理由として）

なぜなら
（このことの理由は）

そして
（このことに加えて）

ところで
（ここまでの話とは別に）

つまり
（要するに／ここまでをまとめると）

しかし
（とはいえ／ここまでの話に反して）

「ところで」が多すぎたら、全体を再確認。「つまり」「だから」の前後は、つながりをよく確認。

ストーリー作りに使う主な接続詞は、主に左ページのようなものです。

これ以外にも「例えば」「さらに／加えて」「かつ／または」「ちなみに」などいくつか使うものはありますが、多く使うのは、左の6つくらいです。

なお、注意しておきたい点としては、「ところで」があまり頻出するようなストーリーは、聞き手がついてこられなくなる可能性が高くなります。**「ところで」については使いすぎに注意**して下さい。

それから、プレゼンで最も訴えたい「結論」の前には、通常「つまり」「だから」といった接続詞が来ます（結論を「冒頭」に話すタイプは除きます）。プレゼンを**聞いていて「結論」に至るつながりが良くないと、この「つまり」「だから」の後に続く話が、とても唐突に聞こえます**。「結論」の前に接続詞を置いてつながっているかはプレゼン全体の中でも重要なポイントなので特に注意が必要です。

また、自分では「だから」や「なぜなら」でページをつなげているつもりでも、第三者が客観的に聞くと、その「つながり」が分からない場合もあります。

Chapter 7の「基本的チェック項目」の箇所でも述べますが、自分でチェックをしつつも、最終的には同僚や上司などの他の第三者にチェックをしてもらうことが大切です。

Section-1 ストーリーを作る技術

ストーリーの例 「プレゼン入門書籍」の出版企画

（表紙）

”スマホ世代”へ向けた
「今までなかった新スタイルの
プレゼン入門書」
ご提案

さて

（目次）

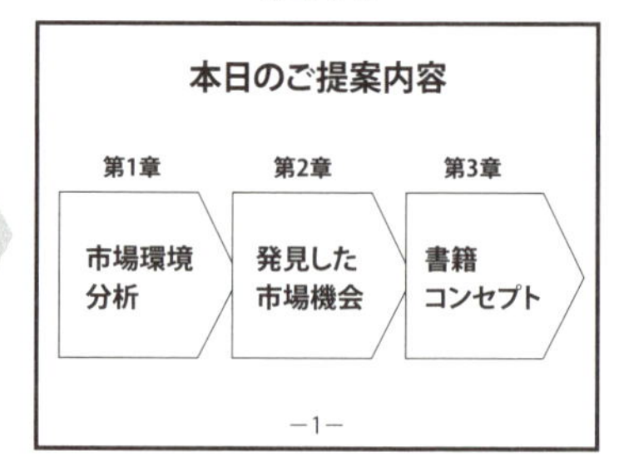

では
（この目次の内容を受けて）

（第1章）

市場分析-1　競争環境①

プレゼンに関する書籍は
極めて多く競争は厳しい

- 出版点数は年間○○点。
- 大手書店の平均陳列数は○点。
- ここ数年で……

—2—

そして

（第1章）

市場分析-1　競争環境②

「定番的ノウハウ本」から
「欧米プレゼンターに学ぶ」系まで
種類は様々

- 定番ノウハウから欧米型スキル習得まで種類も様々。
- 特に近年販売好調なのは「欧米系の……

—3—

そして

本書を題材にした、架空の出版企画書のストーリー例。「分析→発見→結論（提案）」の流れを確認。

そして

（第1章）

市場分析-2　消費者環境

「プレゼン上達」のニーズは近年急激に増大（背景にネット上のプレゼン動画人気）

- ネット上のプレゼン動画人気。再生○回以上の動画も多数。
- しかし学習用として機能しているかは……

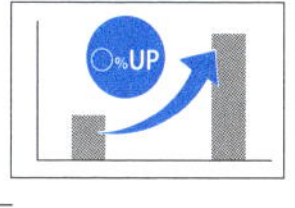

—4—

だから

（第2章）

市場機会の発見

既存のプレゼン関連書籍では捉えきれていない未充足ニーズの存在が予測される

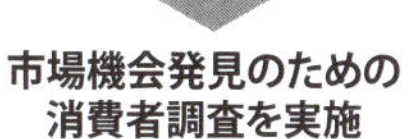

市場機会発見のための消費者調査を実施

—5—

では（調査の内容を受けて）

（第2章）

基本ターゲット設定

プレゼン上達ニーズは若手ビジネス・パーソンが中心

- プレゼン上達のニーズが大きいのは、○～○歳の……

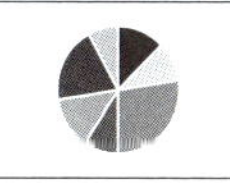

—6—

そして

（第2章）

キー・ファインディングス①

（もしもプレゼン関連本を読むなら）「手軽に読みやすく。でも、体系的に、しっかり学びたい」

- 「簡単に読める」と「体系的にしっかり学べる」の相反するニーズが同時に存在……

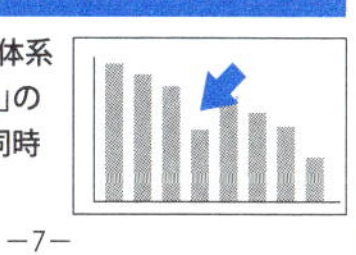

—7—

そして

Section-1 ストーリーを作る技術

ストーリーの例（続き）「プレゼン入門書籍」の出版企画

そして

（第2章）

キー・ファインディングス②

ネット動画で見るような
スタイリッシュなプレゼンに憧れるが
"普通のプレゼン"も上手くなりたい

- ネット上の人気プレゼンターに憧れ。
- しかし実際には座ってペーパーで行うことが多くギャップも……

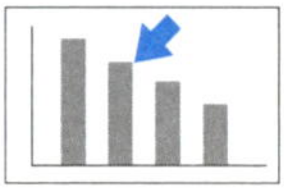

—8—

そして

（第2章）

キー・ファインディングス③

これまで経験したプレゼン学習で
満足度が高かったのは
実務に即した「研修／セミナー」

- 社内外の「プレゼン・セミナー」参加者の満足度は高い。
- ネット上のコンテンツだけでは断片的で学びきれない……

—9—

つまり

（第2章）

市場機会

現在出版されている書籍や、ネットのコンテンツが満たしていないニーズ

①手軽さと体系的知識の両立
②"日常業務"的プレゼンにも有効
③セミナーに近い感覚で学べる
の条件を満たせれば、大きな市場機会がある。

—10—

だから

（第3章）

書籍コンセプト

プレゼン教育に力を入れる企業が
実際に社内研修で行うような
「プレゼン・セミナー」
（スライド＋話し原稿）を
そのまま書籍に。

—11—

具体的には

このストーリーの場合、「山場」はP.7、P.9、P.11の３枚。P.11の「コンセプト」に向けて、特にP.7&P.9を強調する。

具体的には

（第3章）

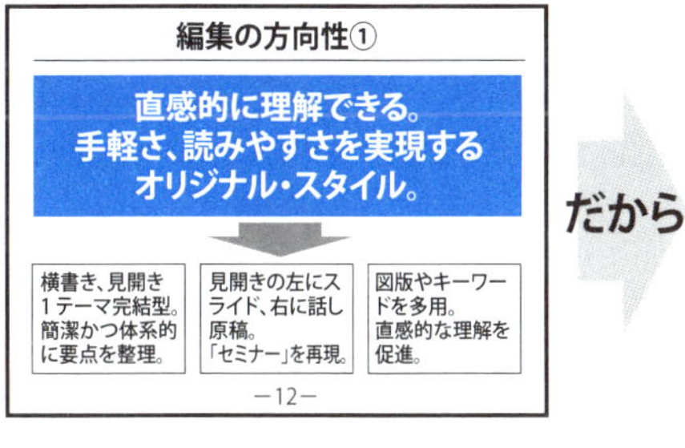

だから

（第3章）

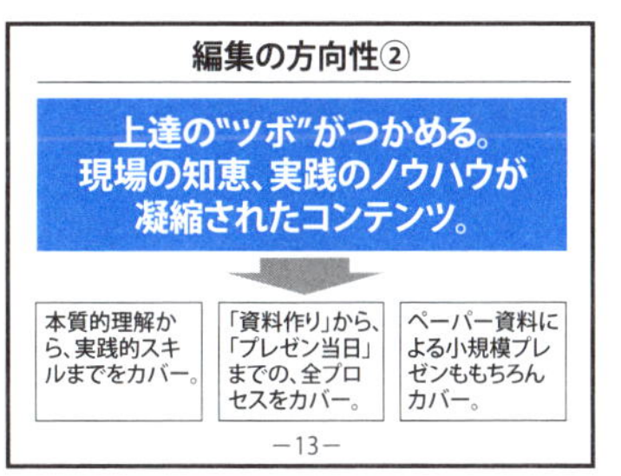

つまり

（第3章）

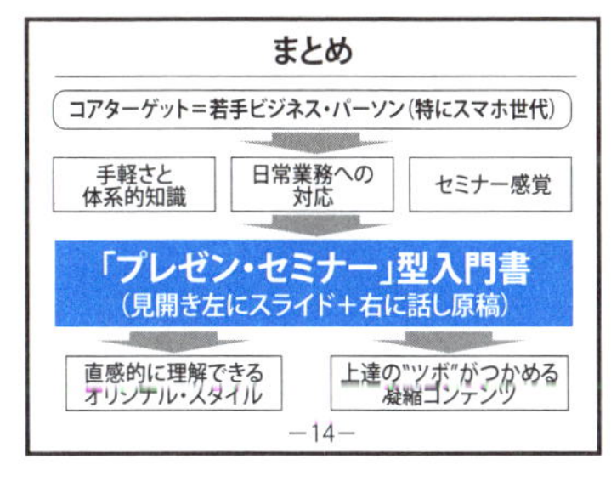

MEMO

前述の通り、この「ストーリー例」は、実際の出版企画書ではなく、本書の執筆がほぼ終了した時点で "後づけ" 的に著者が作成したものです（そのため調査結果などは架空のものです）。

とはいえ実際の本書の内容を反映していますので、読了後に改めてこのストーリをご覧いただくと、よりその構造が理解いただけると思います。

その他の技術①
表紙とタイトル

「期待感」を持たせる
（ただし場合によっては「無難な選択」を）

新商品開発のご提案

○○年○月○日
○○プロジェクト・チーム

B

第３の柱を目指して!

潜在ニーズに着目した
大型新商品開発プラン

○○年○月○日
○○プロジェクト・チーム

「表紙とタイトル」は期待感を持たせるのが第一の役割。(ただし場合によっては「無難な選択」も)

ここからは、ストーリー作りにおける、少し具体的な技術や気をつけるべきポイントについて、いくつかお話ししていきます。

まずはストーリーの「スタート地点」になる、「表紙とタイトル」についてです。

原則として、表紙とタイトルは、聞き手に**「本日のプレゼンの内容」を確認してもらい、「期待感」をいだかせること**がその役割です。左ページの例のAのように、単に「新商品開発のご提案」というタイトルよりは、Bのような、具体的なメッセージのあるタイトルの方が、聞き手は「よし聞いてみよう」という気になるでしょう。

ただし、いちおう知っておいていただきたいことは、Aの「新商品開発のご提案」のような無難なタイトルの方がよい場合もあるということです。

例えば左ページのBのタイトルを例にお話しすると、これを見て「第3の柱なんて我が社には不要だ」と思ってしまう方が、聞き手の中にいらっしゃるかもしれません。「話す」だけならそれほど気にならなくても、表紙に書く内容は、そのプレゼン全体の重要テーマとして受け取られますから、出足で違和感を持たれると、取り返しがつかない場合もあります。

ですから、**聞き手の方々の立場や考えが不明瞭な場合には、あえて「無難」なタイトルにするのも、実践的な知恵の一つ**です。

Section-1 ストーリーを作る技術

その他の技術②
目次

全体の「道筋」を示す

目次 index

1. 現状分析と課題の発見・・・・P.2
   - ○○○○○○
   - ○○○○○○
2. 採るべき戦略の方向性・・・・・P.10
   - ○○○○○○
   - ○○○○○○
3. 今後の実施プラン・・・・・・・・・P.18
   - ○○○○○○
   - ○○○○○○

B

本日の内容 contents

Chapter 1	Chapter 2	Chapter 3
現状分析と 課題の発見	採るべき 戦略の方向性	今後の 実施プラン
P.2〜	P.10〜	P.18〜

「目次」はプレゼンのとても重要な要素。
最初に「全体の道筋」を示す役割のページ。

次は、「目次」についてです。厳密に言うと「ストーリー」自体を構成する要素ではありませんが、プレゼンにおいてはとても大切な要素です。強いてプライオリティをつけるなら「表紙やタイトル」よりも、「目次」の方が重要です。

それは、**目次が、「これから話す内容・ストーリー」を聞き手に理解してもらうためのページ**だからです。

この後の「話す、見せる技術」でもお話をしますが、プレゼンを開始する時点で、**「これから話すこと」「その道筋」を聞き手の頭の中に描いてもらうことは、最終的にプレゼン内容を理解してもらうための必須事項**です。

目次のスタイルやデザインについては、左ページのAのような、一般的なスタイルでも構いませんが、プロジェクタに映すスライドの場合は、あまり細かな単位の目次を作っても意味がありませんので、左のBのような全体のアウトラインや構造が一目で分かるタイプの方が適しています。

（なお、実は本書の冒頭では、この２つのタイプを並べています。「目次」と、その次の「本書全体の構成（10～11ページ）」を参照ください。）

その他の技術③
中表紙

途中で聞き手の「頭の中」を整理（ナビゲーター役）

中表紙

第２章
①マーケティング戦略
・ターゲティング戦略

接続詞

しかしながら

「中表紙」は、聞き手の頭の中を整理するページ。「中表紙」を上手く使うことで分かりやすさが増大。

次は、「中表紙」です。これも、厳密に言うと「ストーリー」自体を構成する要素ではないのですが、**「ストーリー」を聞き手に理解してもらうための、重要な役割**を持ちます。それは、プレゼン・ストーリーのナビゲーターのような役割です。

はじめに「目次」でガイダンスをするとはいえ、聞き手は全体のアウトラインをしっかり把握した上で最後まで聞いてくれるわけではありません。

ですから、中表紙（章扉）を使って、「ここからは、この話をしますよ」と途中で一拍あけて説明することは、**聞き手の頭を整理して理解を確かなものにする重要なポイント**です。

さらに言うと、プレゼンター自身が全体の進行に気を配る余裕がない場合は、「中表紙」があることで、そこで一拍おく区切りの目安にもなります。

また、中表紙とは意味が異なりますが、章が変わる箇所以外でも**ストーリーの大きな切れ目には、「接続詞」だけのスライドを入れて１拍置く**こともできます。いわばお芝居の「暗転」のようなものです。

「ドキュメント」タイプにはなじみませんが、「スライド」でやや論理の転換が多いような場合には、こうした「接続詞ページ」を入れることも聞き手の理解を確実にする効果的な方法です。

PART 2
プレゼンの技術

Chapter 4
資料を作る技術
Material

Section-2 ページを作る技術

Section-2 「ページを作る」の内容

ページ作りの原則

① 基本的レイアウト
②「山場ページ」のレイアウト
③「Z字型」アイ・フロー
④ 1行の文字数
⑤ボックスと矢印
⑥数字
⑦キーワード
⑧ビジュアル・エイド

その他の技術

① 書体
② 文字サイズ
③ 色数
④ アニメーション効果
⑤ グラフ
⑥「ページ数」表記

個々の「ページ作り」について。
8つの原則から、ディテールの技術まで。

ここからは、「資料作り」の2つ目のテーマ、「ページ作り」です。

前のSection-1（111ページ）で、「ストーリー作り」は非定型的でそのノウハウが言語化しにくい「暗黙知」であると言いましたが、こちらの「ページ作り」は、比較的、そのノウハウが言語化しやすい「形式知」が多い領域です。

ですから、こちらはシンプルに、**「ページ作りの8つの原則」と、「その他の技術」という2段階**になっています。

必ずしも順番にではなく、バラバラにページを読んでいただいても充分にご理解いただけ、すぐに実践できる内容になっています。

ページ作りの原則①
基本的レイアウト

「ページ・タイトル」とそれを受けた「メッセージ」の組み合わせが基本形

【ページ・タイトル】
このページが、何についてのページなのかがひと目でわかるように。

【メッセージ】
ページ・タイトルを受けて、このページで「言いたいこと」

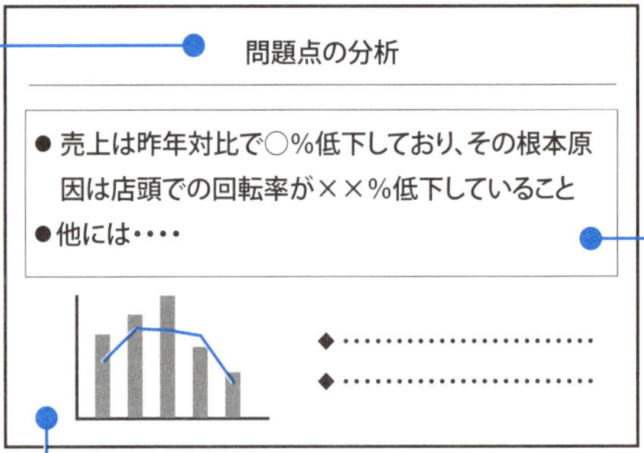

問題点の分析

● 売上は昨年対比で○%低下しており、その根本原因は店頭での回転率が××%低下していること
●他には・・・・

◆・・・・・・・・・・・・・・・・・・・・・・
◆・・・・・・・・・・・・・・・・・・・・・・

【データなど】
通常は「メッセージ」をサポートするデータや補足するコメントなどが配置される。

まずは"序盤"で多く使う基本的レイアウト。「ページ・タイトル」と「メッセージ（言いたいこと）」。

ここからは、「資料作りの」2つめの項目である「ページ作り」についてです。

最初の1つめは、最も基本的な原則です。

プレゼン資料のページは、「ページ・タイトル」と、「メッセージ」によって成り立っている、ということです。自然にこのような構造になっていると思いますが確認しておいてください。

「ページ・タイトル」は、「そのページが、何について語るページなのか」がひと目で分かるようなタイトルです。ページの最上段に配置します。

「メッセージ」は、「プレゼンターが、そのページで一番言いたいこと」です。ページ・タイトルを受けて、その事柄についての内容になります。

一般的には、その下に、データや詳細についてのコメントが入るといった形が多くなります。

通常のパターンとしては、プレゼン全体の中での序盤や前半部分の「分析」のパートにおいて、こうした定型的なパターンのレイアウトが多用されます。

中盤から後半にかけては、よりメリハリをつけるためにレイアウトを工夫したり、ストーリー全体の流れを重視してページ・タイトルをつけずにメッセージを畳みかけたりする場合もあります。すべてのページをこのレイアウトで統一すべきだという意味ではありません。

ページ作りの原則②
「山場」ページのレイアウト

**一番言いたいことを
一番大きな文字で**

×良くない例

最大の問題点！

ブランドの差別性低下

それによって

・ロイヤル・ユーザの離脱
・店頭での値崩れ
・店頭配荷率の低下

ジャンプ率が小さく、強調したい箇所が不明瞭

○良い例

最大の問題点！

ブランドの差別性低下

それによって

・ロイヤル・ユーザの離脱
・店頭での値崩れ
・店頭配荷率の低下

ジャンプ率が大きく、強調したい箇所が明快

一番言いたいことを、一番大きな文字で。
特に「山場」のページでは、大胆なレイアウトを。

ページ作りの要点は、原則として「**そのページで一番言いたいことを、一番大きな文字で目立たたせる**」ことです。

特に、そのページの**他の文字との差を大きくすることで、より目立たせ、聞き手の注目をその文字に集める**ことができます。この文字サイズの差のことをグラフィック・デザインの用語で「ジャンプ率」と言います。ジャンプ率は、資料で特定の文字を目立たせる際の重要な概念です。こうしてメッセージを特に強調するページは、主に「山場」のページなどで使用します。

このジャンプ率の効果について、左ページの例で説明します。「良くない例」も、「良い例」も、書いてある内容はほぼ同じです。

けれども、「良くない例」では、結局何が一番言いたいのかひと目では理解できません。ページ・タイトルである「最大の問題点」がやや大きい上に、「差別性低下」とそこから引き起こされる事象も同サイズのため、何が強調したいのか曖昧だからです。

対して「良い例」では、このプレゼンターは「差別性低下」が一番言いたいのだということが、聞き手に直感的に理解できます。

ドキュメント・タイプの資料の場合は、1ページに多数の要素を書き込むためにジャンプ率を大きくできない場合もありますが、その場合も、**まずこの基本ルールを検討した上で、難しければ色や書体などで強調**するように心がけます。

Section-2 ページを作る技術

ページ作りの原則③ 「Z字型」アイ・フロー

メッセージは原則として上段に「Z字型」に要素をレイアウト

資料を読む人の視線は通常「Z字型」に移動する

〈Z字型アイ・フロー〉

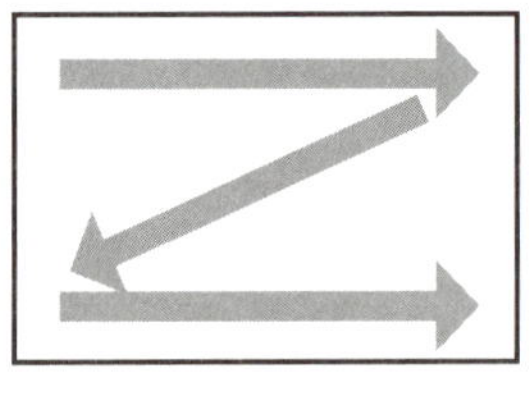

成功要因の分析

新領域である「健康領域」への注力が成長のカギ

●A店の成長率が顕著に高い。

120
110
100
90
80
一昨年 昨年
A店 B店 C店

●健康領域の売上構成が高いことが成長要因

	美容	健康	他
A店	30	55	15
B店	30	45	25
C店	45	35	20

「一番言いたいこと＝メッセージ」は上段が原則。要素全体を「Ｚ字型」に配置して読みやすく。

そのページでの**「一番言いたいこと（メッセージ）」は、原則としてそのページの上段（タイトルの下）に配置**します。

通常は、その下に「そう言える理由」が配置されます。このページの中では「メッセージ→その理由」という順番になります。

一般に、こうした資料を見る際は、人の視線は自然に「Ｚ字型」に動きます（これを「Ｚ字型アイ・フロー」と言います）。いくつかの要素をページに配置する際は、**この「Ｚ字型」を基本にすると、読む側が「どこをどう読んだら良いか分からない」という状況を防ぐ**ことができます。

（ちなみに数表も「Ｚ字型」が基本です。表側（左の例ではＡ店〜Ｃ店）を起点に、左から右に数値を読むのが通常の視線の動きです。）

なお、この「メッセージは一番上」は、あくまで原則であって例外もあります。１ページの中で「三段論法」的に「ａだからｂ、ｂだからｃ」という論理で話をする場合です。この場合はｃがページ内の結論であり一番言いたいことになりますが、無理にｃを上段に置くよりも、最下段に置いた方が自然で、話もしやすくなります。

ただし、そうした場合でも、「一番言いたいことを一番大きな文字で」の原則は遵守してください。

Section-2 ページを作る技術

ページ作りの原則④
1行の文字数

1文字でも少なく ひと目で読み切れるように

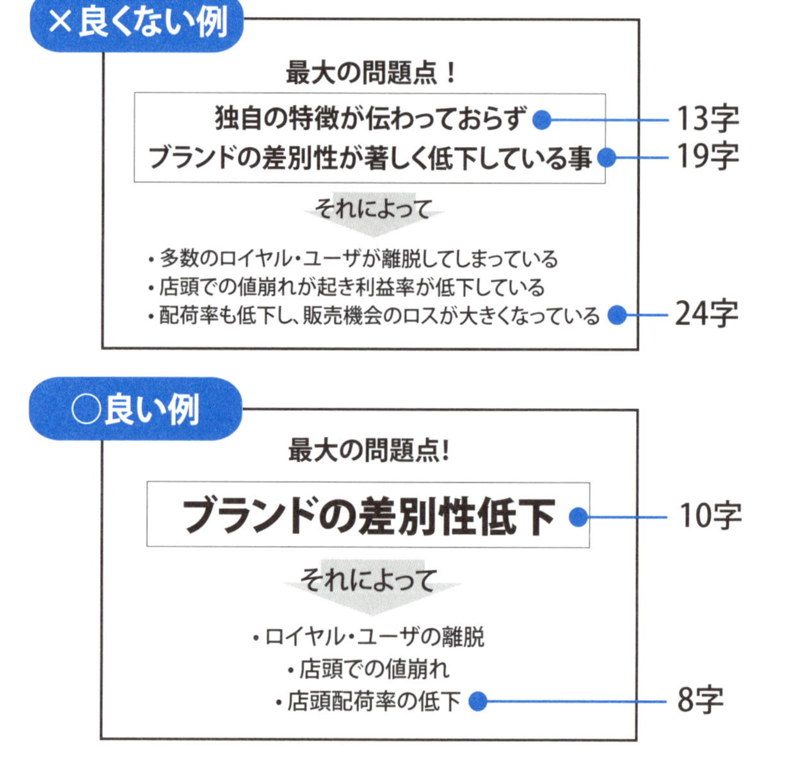

1行の文字数は、できるだけ少なく。
ひと目で読み切れるように、できれば15字以内に。

「プレゼンは、目と耳に訴える」という本質から考えると、**文字数は1文字でも少ない方がベター**です。

資料を作りはじめた時点では、どうしても冗長な文章になり文字数も多くなっています。ですから、**資料作りの終盤の段階で文章を見直し、文字数を削るステップを入れる**ようにします。その際は具体的には、「余計な接続詞や助詞を削る」「体言止めにする」「単語の重複を削る」「不要な形容詞や説明を削る」といったことがポイントです。

左ページの例は、上下のどちらも書いてある内容に大きな違いはありません。しかしパッと見て内容を把握できるのは「良い例」です。それは、ページ全体の文字数と1行当たりの文字数の違いによります。

1行の文字数は、「スライド型」の場合は原則として15文字以内が目安です（ちなみに映画の日本語字幕は1行13～15文字程度とのこと。それが「読みやすさ」の基準になっています）。

左の「良くない例」に書いてある、「独自の特徴が伝わっておらず」「販売機会のロスが大きくなっている」などは口頭での説明に回せばよく、ここまで丁寧に文字で説明する必要はありません。

とはいえ文字数を減らすために本来伝えるべきことが伝わらなくなっては本末転倒です。考えた上で「多少長くなろうがここは必要だ」と判断した場合には、そのままでも構いません。

ページ作りの原則⑤
ボックスと矢印

「ボックス」と「矢印」で構造が直感的に分かるように

×良くない例

来年度基本方針

●市場環境分析
・市場全体の成長率は微増傾向。
・競合が相次いで新技術による製品を投入。
・自社の次世代技術開発は遅れており、早くて来年後半の見込み。

●基本方針
・生産性向上による利益の確保。
・既存顧客のＣＳ向上による扱い維持。

○良い例

来年度基本方針

市場全体	競合	自社
・成長率は微増傾向が継続	・相次いで新技術による製品を投入	・次世代技術開発は遅れており、早くて来年後半。

↓

基本方針

・生産性向上による利益の確保。
・既存顧客のＣＳ向上による扱い維持。

「ボックス」と「矢印」を使うだけで、そのページ内容の「構造」が直感的に分かるようになる。

次に意識するのは「ボックス」と「矢印」をうまく使うことです。

前章Chapter 3で、「資料作りとは、頭の中にある考えを、カタチにすること」と言いました。

ボックスと矢印は、「頭の中にある『構造や関係性』を目に見える形にする」ための、便利で強力なツールです。

まずボックスについて言うと、**ボックスは見る人に「分類」や「固まり」の数を直感的に把握してもらう**ことができます。

左ページの例は、書いている内容に大きな違いはありませんが、下の「良い例」の方が、それぞれの構造が一目見るだけで把握できることが明白です。「良い例」では「3つの観点で分析し、基本方針を導き出した」という構造と関係が直感で分かりますが、上の「良くない例」では、パッと見ただけではそこまで把握できません。

とても単純で簡単なことなのですが、文字を並べただけの状態から、**「ボックスを使って要素の数」を、「矢印を使って要素間の関係」を明快にすることで直感的に分かりやすいページになる**ことを覚えてください。

Chapter 1
Chapter 2
Chapter 3
Chapter 4
Chapter 5
Chapter 6
Chapter 7

ページ作りの原則⑤
ボックスと矢印(続き)

特に「矢印」は
いろいろ使える万能ツール

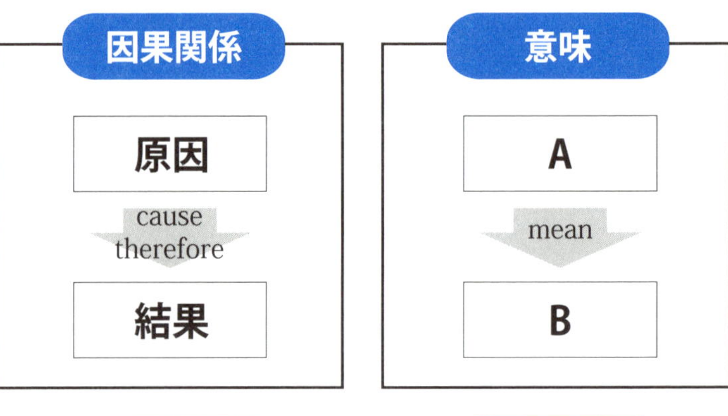

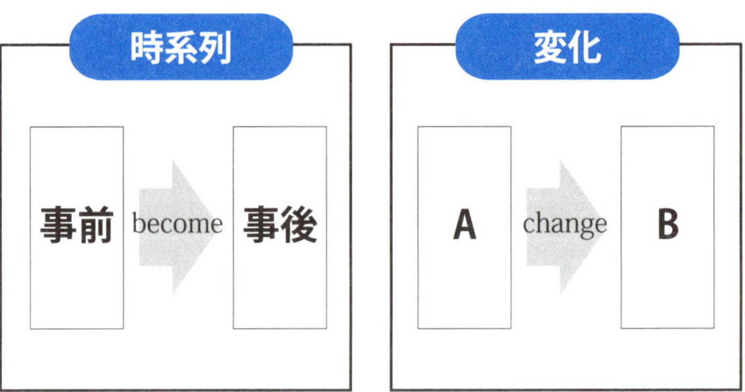

「矢印」は、多様な意味で使える「万能ツール」。
聞き手の「直感的理解」をさらにスピードアップする。

ここでは、矢印についてもう少し補足で説明します。

矢印は、**いろいろな意味として使える万能といっても良い記号（ツール）**です。

左ページに整理したように、まずは「因果関係」を表す記号になります。英語では「cause」あるいは「therefore」の意味です。

もっと単純に、「〜を意味する」の記号としても機能します。英語では「mean」であり、数学記号の「イコール」にも近い意味です。

また、時系列（時間の推移）を表す記号としての使い方もポピュラーでしょう。いわゆる「ビフォー・アフター」の関係性です。英語では「become」の意味になります。

時系列に近い意味ですが、「変化・変更」を表す記号にもなります。「Aという現状を、Bという理想像に変化させる」といった場合に使います。英語では「change」です。

このように、ボックスとボックスをつなぐ矢印は、**多様な意味で使用することができて、いずれも聞き手が直感的に理解できる**ため、ぜひ上手に活用してください。

ページ作りの原則⑥
数字

「数字」を効果的に見せる

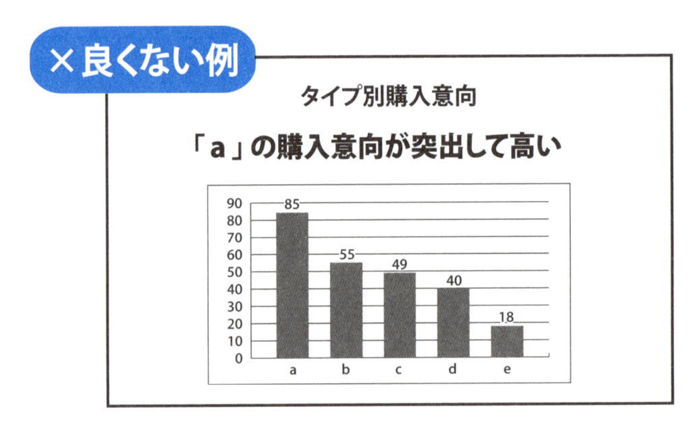

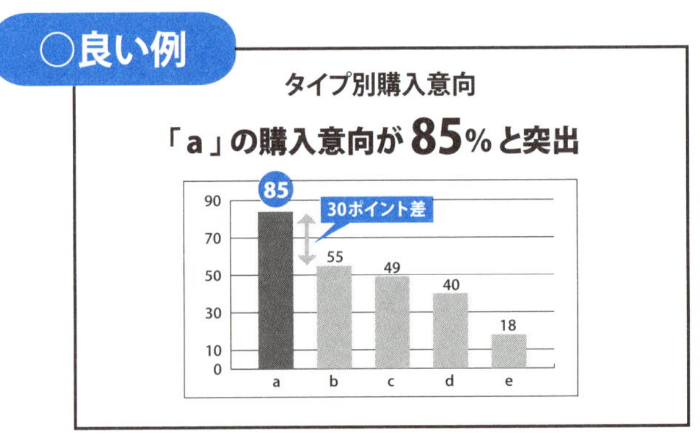

ビジネス・プレゼンにおいて「数字」は極めて重要。
目立たせたい数字を大きく強調して効果的に。

内容にもよりますが、ビジネスのプレゼンにおいて「数値データ」は非常に重要です。

その**数値（数字）を効果的に見せる技術は、ページを作る上でのプライオリティも必然的に高く**なります。

とはいってもそれは案外簡単なことで、**「重要な（強調したい）数字」を大きく目立たせる**ということが基本になります。

左ページの「良くない例」と「良い例」のグラフは、上下のどちらも基本的に同じグラフです。が、その見せ方が異なっていて、「良くない例」では平板にどの数値も同じ扱い方がされているのに対し、「良い例」では「a」の85％という数値を強調して、目立たせています。

また細かいことですが、コメント文にも「85％」という数値を書き入れ、かつ、その文字サイズを大きくしています。その他にも、2番目の「b」との差が30ポイントあること吹きだしで補足しています。

こうした**ちょっとした気遣いで、聞き手にこの「a＝85％」という数値データを印象づけ**られますので、"ひと手間"を惜しまずに、重要な数字の強調を忘れずに行なってください。

（なお、"ひと手間"ということでは、下のグラフは目盛り線を間引いて見やすくしています。こうしたこともグラフの見やすさや数値データの強調につながります。）

ページ作りの原則⑦
キーワード

記憶に残る「キーワード」を入れる

×良くない例

ユーザー心理の発見（インサイト）

ユーザーが求めているのは
起伏に富んだストーリーと
終わった後の爽快感

90
80
70
60
50
40
30
20
10
0
a b c d e

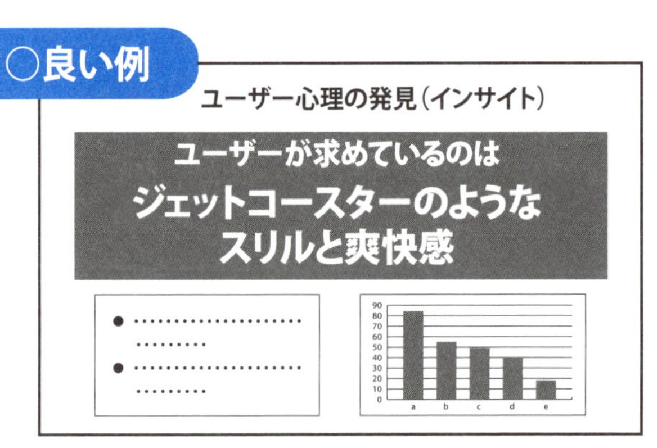

プレゼンの結果を左右するのが「キーワード」。記憶に残す「キーワード」を時間の許す限り練り上げる。

ここまでは「見せ方」の話でしたが、ここでは「言葉」の話です。

何度かお話ししていますが**「聞き手は忘れっぽい」**が大前提です。だからこそ**「記憶に残るキーワード」が必要**です。それによって、「プレゼンターの話した内容」の記憶を強く定着させます。

「キーワード」はプレゼン全体を象徴する言葉であり、「山場」で強調される言葉です。例えば提案内容の特徴を簡潔な短文で表す「コンセプト」や、提案する企画自体の「タイトル」、「キー・ファインディングス」などを印象に残るキーワードに練り上げます。１つのプレゼンにおけるキーワードは数が多過ぎても逆効果ですから、通常は１つで充分、多くても３つ程度が限度です。

左ページはキー・ファインディングスの例ですが、上の「良くない例」の「起伏に富んだストーリーと終わった後の爽快感」では、それほど印象に残る言葉にはなっていません。これを「良い例」では「ジェットコースターのようなスリルと爽快感」と言い換えています。これによって印象の強い「キーワード」として機能するようになります。

キーワードを作るのは難しくもありますが、こうした**「言い回し」一つでプレゼンの評価や印象は相当大きく上下**します。

ですから、こうしたキーワードの「練り上げ」は、プレゼン本番の前日などギリギリまで粘って、考えに考え抜くようにします。ぜひチャレンジしてください。

Section-2 ページを作る技術

ページ作りの原則⑧
ビジュアル・エイド

ビジュアル・エイドで「言いたいこと」の印象を強める

△ビジュアル・エイドのない例

ユーザー心理の発見（インサイト）

ユーザーが求めているのは
ジェットコースターのような
スリルと爽快感

● ……………………
……….
● ……………………
……….

90
80
70
60
50
40
30
20
10
0
a b c d e

○ビジュアル・エイドのある例

ユーザー心理の発見（インサイト）

● ………………
…………….
● ………………
…………….

● ………………
…………….
● ………………
…………….

ユーザーが求めているのは
ジェットコースターのような
スリルと爽快感

「ビジュアル・エイド」で「言いたいこと」をより強力に、印象的に。

プレゼン資料で使用する画像やイラストを、「ビジュアル・エイド」と呼ぶことがあります。

文字通り、「ビジュアル」による「助け（エイド）」のことであり、プレゼンターが言いたいことを補足しイメージを喚起してくれるビジュアル素材のことです。

左ページのビジュアル・エイドの「ない例」と「ある例」を比べてみると、その効果は一目瞭然でしょう。

書かれている文字は同じでも、ビジュアル・エイドを上手く使えば、聞き手の気持ちに訴える力、印象に残す力を大きくレベルアップさせることができます。

ただし、こうしたビジュアル素材を探すのは手間もかかりますし、一種のセンスも必要になりますから、多少難易度は高くなります。

通常のビジネス・プレゼンにおいては、すべてのページにこうしたビジュアルを入れる必要はなく、**基本的には、「強く印象づけたいキーワード」や「言葉でのイメージ伝達が難しい内容」**に使用すれば充分です。

レイアウトも、ページ全面に大きくビジュアルを配する方法と、カット（挿絵）的に小さめに入れる方法がありますので、全体のバランスを見ながら使い分けてください。

（なおプレゼンに使用するビジュアル素材をインターネットの画像検索などで探す場合、著作権が存在する場合が多いですからご注意ください。）

ページ作りの原則⑧
ビジュアル・エイド（続き）

言葉だけでは伝わりにくい内容は特にビジュアル・エイドを活用

△ビジュアル・エイドのない例

ターゲットは
元気なアクティブ・シニア

- アクティブ・シニアとは
- ……………………………
- ……………………………
- ……………………………
- ……………………………

○ビジュアル・エイドのある例

ターゲットは
元気なアクティブ・シニア

- アクティブ・シニアとは
- ……………………………
- ……………………………
- ……………………………
- ……………………………

「言葉だけ」で伝わりにくい内容には積極的に使用。ただし、リスクもあるので必要性はよく吟味して。

167ページで説明した、「言葉でのイメージ伝達が難しい内容」としては、例えば左ページのような、「商品のターゲット像」といったことがあります。プレゼンの聞き手や、あるいはプレゼン・チームのメンバー間においても、こうしたことは言葉だけではなかなか正確に伝えられません。しかし、**何行にもわたる文章で伝えられないイメージも、ぴったりの写真素材が１～２枚あれば、それだけで伝えることができ**ます。

左は、「元気なアクティブ・シニア」というターゲットを設定した場合の例です。文章だけの説明では、そのイメージは聞き手の先入観によってどうしてもバラバラになります。けれども、左のように２～３枚の写真があるだけで、だいぶ正確に同じイメージを共有できるようになります。

ただし、どんなページにもビジュアル・エイドがあった方が効果的というわけではありません。

１枚のページに「文字」と「ビジュアル素材（写真やイラストなど）」がある場合、人間の目は基本的に「ビジュアル素材」に先に行きます。つまり、「何となく見た目が寂しいから」といった程度の理由で**さほど必要でないビジュアル素材を入れてしまうと、聞き手の目はまずそちらに行ってしまい、肝心の内容に集中されないリスク**があります。

「ビジュアル・エイド」は必要性を吟味して使うようにしてください。

その他の技術①
書体

☑書体に凝りすぎない。

☑使う書体は２タイプ程度。
一般的なゴシック系と明朝系の
２タイプを使い分ける程度で充分。

☑特に強調したい場合は
「飾り文字」よりも「白抜き文字」。

☑ゴシック系＝目立つ（可視性）
明朝系＝長文でも読み易い（可読性）

☑飾り文字 ➡ 白抜き文字

「書体」に凝りすぎても、読みにくくなるだけ。ゴシック系と明朝系の２種類で充分。

ここからは、ページ作りにおけるやや細かな技術について、いくつかお話しします。まずは書体についてです。

資料で使う書体は、懲りすぎて何種類もの書体を使ったり、丸文字系やポップ系の文字を使ったりすることはあまりお勧めしません。単に読みにくくなるだけで、それによって得られる効果はあまりないからです。

１つの資料で使う書体は、**通常はゴシック系と明朝系の２つで充分**です。一般的にゴシック系は目立つ（可視性が高い）、明朝系は長文でも読みやすい（可読性が高い）と言われていますので、そうした特性を踏まえて使い分けてください。もちろん、デザイン的に優れて読みやすい書体であれば他の書体でも構いません。

なお、**「文字装飾」や「ワードアート」などの飾り文字も、可読性が低い割に、さほどの演出効果はありませんので、あまりお勧めしません**。

細かなテクニックですが、「飾り文字」や「ワードアート」を使うのであれば、「白抜き文字」の方が可視性も可読性も高いので、そちらを使うことをお勧めします。

その他の技術②
文字サイズ

☑通常の文章は、大・中・小の３レベル程度で、なるべく文字サイズを統一する。

☑強調したいキーワードなどは、
思い切って特大サイズで強調する。

☑大 - 中 - 小

☑強調キーワード

ジャンプ率を上げてメリハリをつけることで目立たせる

「文字サイズ」は、なるべく３レベルくらいにそろえる。ただし、特に強調したい箇所は大胆に大きく。

文字サイズも、１つの文書内であまりバラバラだと、全体の統一感を損ねます。**通常は「大・中・小」の３レベル程度**でそろえるのが基本です。

前述のように、ページ内で「一番強調したい箇所」を一番大きな文字サイズにしますが、通常は、サイズに極端に大きな差はつけずに（ジャンプ率を小さくし）、読みやすさを重視します。

ただし、プレゼン全体の中で**特に強調したいポイントについては思い切ってサイズを大きく**し、ページ内の他の文字との差も大きくし（ジャンプ率を大きくし）ます。

こうしたメリハリのつけ方が、「文字サイズ」への気配りにおいても重要です。

その他の技術③ 色数

☑「色」を使いすぎない。

☑「基本色＋強調色」の２色使い、
または「基本色＋テーマカラー＋強調色」の３色使いで充分。

例えばボックスの塗りつぶしは
テーマカラー

色についての気配り

色は使いすぎない

☑通常の文章は基本色の黒。
☑強調色は1色。たとえば「赤や青」。
☑罫線やボックスの塗りつぶしは
テーマカラー

強調色は例えば、ここでは青

「色数」も使い過ぎずにシンプルに。基本色、強調色、それにテーマカラーを加えて３色程度に。

「色数」も、**「使いすぎずにシンプルに」が原則**です。

多すぎると煩雑で読みにくくなり、本当に重要な箇所が不明瞭になります。

原則としては、**「基本色（地の色が白なら黒系、濃色なら白系）」に「強調色（一般的には赤や青系）」を加えた２色で充分**ですが、それだと、内容次第では文字ばかりで印象が地味になる場合もあります。

少し**カラフルな印象にしたいときは、「基本色」と「強調色」に加えてその資料の「テーマカラー」を設け**ます。これは強調色とは別に、差し色として罫線やボックスの塗りつぶしなどに使う色になります。

社内資料であれば自社のコーポレートカラーを使うように決まっている会社も多いでしょう。

（なお、挿入するグラフの色使いについては、必ずしもこの３色に限定させる必要はありません。グラフについては、後ほどお話しします。）

その他の技術④ アニメーション効果

☑「使いすぎ」は逆効果。

☑使うべき個所は、時系列や因果関係をしっかりと理解してほしい箇所、そして、インパクトを持たせたい「キーワード」。

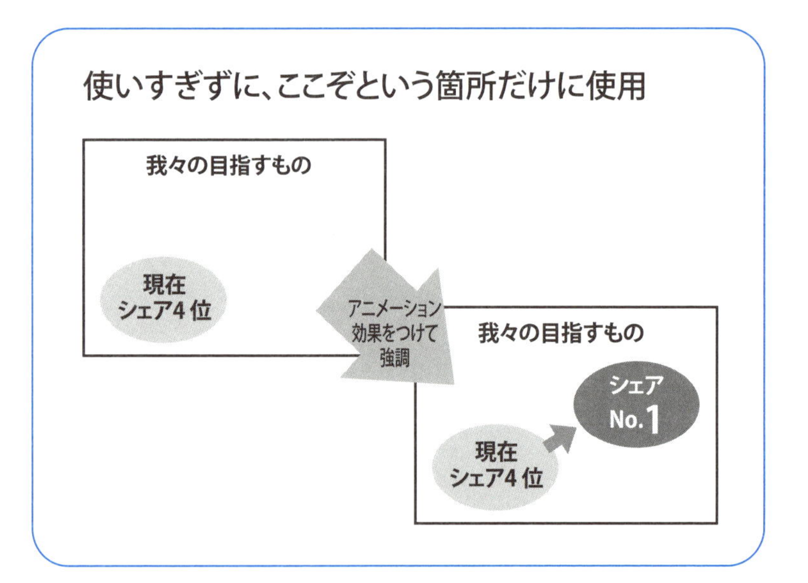

「アニメーション効果」は使いどころを絞って効果的に。シンプルな動きの「ワイプ」や「フェード」で充分。

プレゼン・ソフトの「アニメーション効果」も、あまり使いすぎると煩雑なだけです。

さほど重要でもない箇条書きの箇所を1行ずつ出現させても意味はありません。時間が足りないときにスピードを早めることが難しくなります。

逆に、しっかり**アニメーション効果を使うべきところは、「強調したい箇所」**です。特に**「時系列で事前事後を見せたい」、「因果関係を印象づけたい」**箇所は効果的です（先に述べた「矢印」で結ばれる箇所の多くが当てはまります）。

加えて、**印象づけたい「キーワード」。その"登場"にやや間（ま）を持たせてインパクトを感じさせるために使用**します。

なお、使う「効果」については、文字が画面の外から入ってくるような動きの大きなものは、聞き手の集中を反らす可能性もあるのでお勧めしません。シンプルに、文字がその場で現れるアニメーション効果（フェードやワイプなど）で充分です。

＊フェード＝文字や図形がその場で浮かび上がってくるような効果。

＊ワイプ＝文字や図形が「左から右」のような一定の方向で徐々に現われてくる効果。

その他の技術⑤ グラフ

☑伝えたい数値をマーキングや強調色で強調。

☑「並べ替え」や「色変え」を行なって見やすく。

☑要素が多すぎて見にくい場合は、思い切って「抜粋版」に。

☑基本は見やすい2D（平面型）。

- 強調したい数値をマーキング。
- 意味のあるデータのみの見やすい「抜粋版」のグラフに。

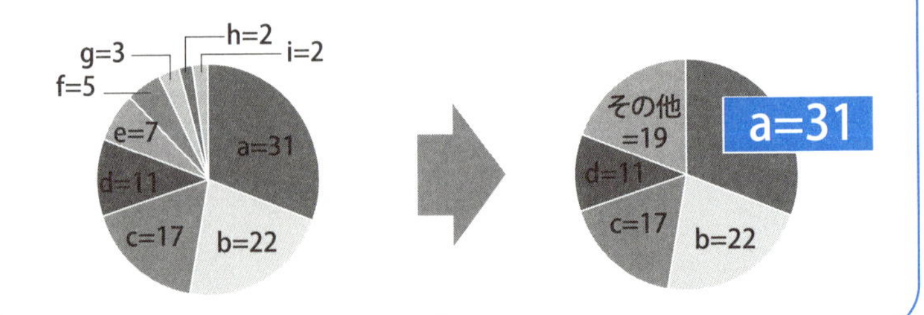

「グラフ」の分かりやすさはプレゼン資料の重要ポイント。なるべくシンプルにして「言いたいこと」を強調する。

数値を扱うグラフの見やすさや分かりやすさは、ビジネス・プレゼンテーションにおいて、とても重要です。

まずは、先ほどの、「見せたい数字を強調」と重なりますが、グラフを資料に入れる際に最も重要なのは、**「そのグラフで何を言いたいのか」をクリアにし、その箇所（数字）を強調**することです。方法としては、「強調色」にする、「文字サイズを大きくする」、「矢印や図形で囲ってマーキングする」といった方法があります。

また、必要に応じて**「データの並べ替え（降順や昇順）」「色を見やすくする」などの加工**を行ないます。

「色」については、表計算ソフトの当初の設定色は必ずしも見やすくはありません。なるべくゴチャゴチャしないシンプルな色遣いを基本に、かつ目立たせせたい箇所だけを強調色にするのが良い配色です。

時おり、棒グラフや円グラフで10個以上項目があり、グラフが細かく煩雑になることがあります。そうした場合は左ページの例のように、あまり本題に関係ない部分を「その他」にまとめる、重要な上位数項目だけに絞るといった**「抜粋版のグラフ」を作ることが、その煩雑感の解決手段**になります。

なお、エクセルなどの表計算ソフトは３Ｄグラフ（立体型グラフ）も選択できますが、基本的にはお勧めしません。数値の比較がしにくく分かりにくくなるだけですので、通常は２Ｄ（平面型）グラフで充分です。

その他の技術⑥
「ページ数」表示

☑プレゼン後のディスカッションや会議の際のために、ページ数（ノンブル）をつけ忘れないように。

「ページ数」の表示は忘れずに。プレゼン後の質疑応答をスムーズにするために。

Section-2の最後に、細かくて地味な内容で、「技術」というほどのことではないのですが、実は大切で案外忘れられがちなことを一つお話しします。

それは資料の**「ページ数（ノンブルとも言います）」を忘れないように**ということです。
プレゼンターが話している最中はあまり関係ありませんが、直後の質疑応答や後日の検討会議でページ数が記載されていないと、議論の進行に大きなストレスがかかる場合もあります。

また、ページ数はオマケ扱いで、かなり小さい文字サイズになってしまうことがありますが、後日の検討会議のことも考え、視力の良くない方でも普通に認識できる文字サイズにするように気をつけてください。

PART 2
プレゼンの技術

Chapter 5

話す、見せる技術

Delivery

Chapter 5
「話す、見せる技術」の内容

全体の大まかな流れ

- 導入→本編→まとめ

話す技術

- 「話す技術」の重要ポイント ＝「自信」＋「メリハリ」
- 本番で上手く話す方法
- その他の技術
  - ① 聴衆分析
  - ② 時間配分とタイムキーピング
  - ③ 冒頭の雰囲気作り
  - ④ エピソードで結論を側面支援
  - ⑤ 緊張対策
  - ⑥ 手持ち原稿の使い方
  - ⑦ 質疑応答への対応

見せる技術

- 「見せる技術」の重要ポイント ＝「資料を見せる：視線誘導」
  ＋「自分自身を見せる：パッション＆パーソナリティ」
- プレゼンター以外の参加者が見せるべきもの

「話す、見せる（Delivery）」について。
「全体の流れ」、続いて「話す」と「見せる」の技術。

ここからは、「話す、見せる（Delivery）」についてです。

前章Chapter 4は、基本的にデスクでの「準備期間」についての話でしたから、本書を手元に置いて眺めながら進めることもできました。

ここからは、実際にプレゼンの本番（舞台）で使う技術についてです。本番で書籍を見ながら進めるわけにはいきませんから、それまでにしっかりと知識や技術を身につける必要があります。

本章Chapter 5は具体的には、左ページのような3段構造でお話ししていきます。

はじめは、プレゼン本番の**全体の大まかな流れ**について。準備段階から頭に入れておくべき「導入→本編→まとめ」という構造についてです。

次は、より具体的な**「話す技術」**について。

重要ポイントである「自信」と「メリハリ」について、本番で上手く話すためのリハーサルのコツについて、その他の技術について、といった順でお話しします。

最後は、**「見せる技術」**について

「資料の見せ方」と、「自分自身の見せ方」についての2つに分けてお話しします。

そして最後にオマケ風にプレゼンター以外の参加者の方が「見せるべきもの」を説明してこの章を終えることにします。

本番の大まかな流れ

「導入」「本編」「まとめ」の3段階で話す

導入

- 今日お話しすることは○○についてです。

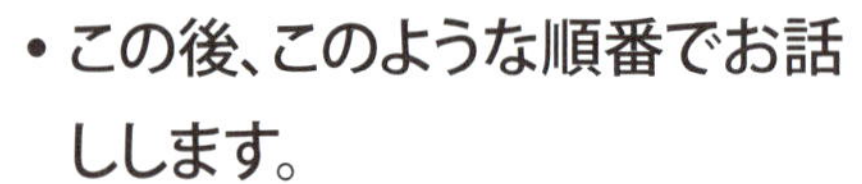

- この後、このような順番でお話しします。

本編

- 分析→発見→結論を基本構造とするストーリー。
- 「結論が後」「結論が先」のどちらのパターンもあり

まとめ

- 簡潔にまとめると、今日の結論は、○○ということです。

プレゼン本番で話す際の大まかな流れは、「導入」「本編」「まとめ」の３段階で。

プレゼンで話す内容は、大枠では**「導入」→「本編」→「まとめ」という３段構造**になります。

「導入」と「まとめ」については、それぞれスライド（ページ）を作る場合もありますし、全体のスライド枚数が少ない場合は、口頭だけで充分な場合もあります。

それぞれで話す内容についてはこの後詳しくお話ししますが、「導入」部では、「これから○○についてお話しします。この後、このような順番でお話をしていきます」と、聞き手にプレゼンを聞く準備をしてもらうこと。はじめに「行き先と道順を示す」ことがその役割です。

まとめは、「今日の結論は、××ということでした」と、簡潔に整理して、確認を促すこと。聞き手の頭を再度整理し、念を押す役割になります。

「導入」について

**全体の流れを
はじめに説明**

期待感を持ってもらう

「導入」では、まず全体の流れを理解してもらう。その上で、期待感を持ってもらう。

ではまず「導入」についてです。ここの**目的は「聞き手の頭を整理する＝聞く準備をしてもらう」こと**です。

「導入」のパートで聞き手に見せるスライド（ページ）としては、大きく分けると、①目次、②（全体のページ数が少なく目次がない場合は）「表紙」、③導入用に作ったページ、の３パターンがあります。

最も実用的なのは、**「目次」を見せながら「全体の流れ」を説明する**ことです。143ページの「目次」についての箇所でもお話ししましたが、全体の説明がしやすいように「目次」を作っておくのがベストです。

また、**「目次」とは別に「導入」用のページを作るパターンでは、例えば「ご提案にあたって」といった挨拶を兼ねたページを設け**ます。そこに文章として、「本日の内容」を掲載する手法です（この場合は書かれている文章を読み上げることになりますので、プレゼンターが緊張していても安心してスタートできるというメリットがあります）。

なお、「導入」パートの**もう一つの役割は、これから聞くプレゼンについての「期待感」を持ってもらうことです。**
「目次」を使って全体を説明するとき、「ご提案にあたって」に書かれた文章を読むときも、「自信」を持って、これから「期待に応える提案をする」という気持ちを充分に表現してください。

「本編」について

「MC（司会者）」の意識も持つ

「流れ」と「要点」の“指さし確認”

Singer

MC

「本編」を話す際には、MCの意識も持つ。「流れ」と「要点」を指さし確認するように。

本編を話すときは、プレゼンター本人も、自分の**プレゼンに対する「司会者（MC=Master of Ceremony）」の意識**を持つようにします。別の言い方をすると、全体を俯瞰（ふかん）で見て進行する役割です。

ここで言うMCとは、例えば紅白歌合戦や昔ながらの「歌謡ショー」の司会者のイメージです。プレゼン本編の主役がシンガーだとすると、MCはステージ全体の進行を務める役割で、プレゼンターはこの２役を担います。

具体的な「MC的セリフ」としては、
「ここまでは○○についてのお話でした」
「次に、ここからは○○についてお話しします」
「この後、御社の課題について全部で３点お話しします」
などといった、「そこまでをふり返ったセリフ」や「その後の流れを説明するセリフ」になります。

これらには通常、「ここまで」、「ここから」といった「指示語」が入ってきますので、**プレゼンにおける「指さし確認」**と考えてください。

また、他のMC的セリフとしては、強調したい点について
「ここは、私自身も調べていて驚いた点なのですが」
「このページが、本日のプレゼンの言わばハイライトです」
「ここが、本日のプレゼンのキーワードの１つめです」
などのセリフで注目を高めることも有効です。

本番の事前にスクリプト（話し原稿）を作る際には、こうした「MC的セリフ」まで入れてリハーサルで練習してください。

「まとめ」について

「主張」を
簡潔に再確認

「キーワード」は
ここで必ず繰り返す

スマートな「お願い」
or 熱い「決意表明」

「まとめ」では、「主張」と「キーワード」を再確認。聞き手の理解を深め、記憶への「定着」をはかる。

「まとめ」は、プレゼンの最後に、そこで述べた**「主張」を改めて再整理してくり返す**ことです。

Chapter 4の127ページでも述べたように、「結論が先」タイプでは、結論の再確認としての「まとめページ」は絶対に必要になりますが、「結論が後」タイプでも、「全体のまとめ」は必要です。

覚えておいてほしい「キーワード」は、「まとめ」パートで必ず繰り返します。

全体でスライドの枚数が多いプレゼンであれば、**本編とは別に「まとめ」のページを作り、それを提示しながら話す**のがベストです（プレゼンの骨子をシンプルに1～2枚に凝縮したページになります。実務的には「山場」のページを中心に骨子をまとめることになります）。

短いプレゼンの場合は、「本日は、このような内容でした」と軽く口頭でまとめて確認します。

最後の締めくくりは、いわゆる「挨拶」的なことですが、パターンとしては2パターンあります。

一つは、スマートに「ぜひご検討をお願いします」といったお願い。

もう一つは、熱い「決意表明」。この場合は「我々チーム一同は、プロジェクト成功のために全力を尽くします！」といったページを作っても良いでしょう。状況や聞き手のカルチャーに合わせて選択してください。

PART 2
プレゼンの技術

Chapter 5
話す、見せる技術
Delivery

Section-1 話す技術

話す技術における最重要ポイント

どう話すか？

自信を感じさせる と **メリハリをつける**

信頼感・安心感を醸成する。

重要なポイントへの聞き手の注目を喚起する。

「話」における重要ポイントは２つ。それは「自信を感じさせる」と「メリハリをつける」。

ここからは「話す、見せる技術」の１つめ、「話す技術」についてです。

まず、最も大切なこと２つに絞ってお話をします。それは**「自信を感じさせる」と「メリハリをつける」**です。「話し方」に関して言えば、この２点さえ意識できれば、その他の細かい点は多少目をつぶっても構いません。それほどこの２点が重要です。

「自信」については、Chapter 3でもお伝えしましたが、プレゼンの内容やプレゼンター自身への信頼感、安心感を醸成することが目的です。

25ページで「メラビアンの法則」の話をしました。コミュニケーションは「言語情報が7%、聴覚情報が38%、視覚情報が55%」であるという法則です。これは「感情」を伝える場合の法則であるとお話ししました。

ここで言う「自信を伝える」は一種の「感情」を伝えるコミュニケーションになります。ですから、「私は自信があります」と言語で伝えるよりも、「聴覚情報」や「視覚情報」が大切になります（つまり、表情や話し方、声のトーン、身体の姿勢など）。

２つめの「メリハリ」は、一本調子なプレゼンにならずに、伝えたい重要なポイントに対して、聞き手の注目を喚起することが目的です（なお、先に述べた「山場」と「メリハリ」は少し意味が似ていますが、本書においては「山場＝プレゼン全体の中での盛り上がりの箇所」、「メリハリ＝居所的な緩急をつけること」との意味で使っています）。

これら２点について、この後で詳しくお話ししていきます。

Section-1 話す技術

自信を感じさせる技術①

語尾まではっきりと しっかり言い切る

聞き手に自分の「自信」を感じさせる技術。まず、語尾まではっきりと、しっかり言い切ること。

「自信」については根本的には充分に内容を考え、その上でリハーサルを重ねることで自分の内側に作り出していくものです。

ただしそれを補う意味で、「自信がある」ことを見せていく技術もあることは、81ページでもお話ししました。

その一つは、とても基本的なことですが**「語尾まではっきりと、しっかり力強く言い切る」こと**です。自分の気持ちの中に自信がないと、どうしても語尾に行くにつれて「ゴニョゴニョ」と声が小さくなるものです。**聞き手は、そうしたディティールから「自信のなさ」を敏感に感じ取り**ます。

ですから意識して、語尾までしっかりと話す（発声する）こと、気持ちを込めて「○○です」と言い切ることを徹底してください。なお語尾が「思います」となること自体は問題ありませんが「○○と思いますが、まぁ、えぇ……」などの曖昧さはNGです。「確信しています」という気持ちで話してください。さらにもちろん、いわゆる「語尾上げ」の話し方はビジネス会話においては子供っぽく聞えますのでこれもNGです。

また、いわゆる「滑舌（かつぜつ）」は、もちろん良いに越したことはないのですが、極端に聞き取りにくいことがなければ、そのためだけにボイストレーニングのようなことまでする必要はありません。

たとえ「ぼそぼそ声」であっても、時にはそれはその人のキャラクターの"味を出す"チャームポイントになることもあります。ですから、話し方については、「滑舌」よりも、「語尾」に気を配るのが基本原則です。

Section-1 話す技術

自信を感じさせる技術②

声を遠くまで届ける（という意識を持つ）

2つ目は「声を遠くまで届ける」意識。目標を、会場のやや奥（後方）に設定する。

次に大切なのは、（主に立って話すプレゼンの場合ですが）**「声を遠くまで届ける」という意識を持つ**ことです。

これはしばしば演劇のトレーニングなどで言われることですが、プレゼンでも大切なことです。「遠くまで届ける」というのは単純な声の大きさの話ではなく、身体の姿勢や顔の向きが大事になります。

具体的には**「声をぶつける目標（マト）」をプレゼン会場のやや奥の方に設定して発声する**というイメージです。すると必然的に、上体が上向いて軽く胸を張る形になり、顔も上がってきます。もちろん極端に顔が上を向いていたり顎（あご）が上がっていたりするのは不自然ですから、実際には顔が下を向かずに正面をきちんと向いている状態が最も良い形です。

また、プロジェクタを使ったプレゼンでは、聞き手に背中を向けてスクリーンの方を向いて話してしまう方もいますが、この形も良くありません。「声をぶつける目標」を意識して設定していれば、これも自然に少なくなります。

なお、テーブルで聞き手と向かい合わせに座って話す場合や、広い会場でマイクを使って話す場合は、この「声を遠くまで」を意識する必要はありませんが、その際でも「軽く胸を張って顔を上げる姿勢」は、「自信」を演出するために重要ですから、その姿勢を同じように実践してください。

Section-1 話す技術

メリハリを感じさせる技術①

声に「強弱」をつける

「メリハリ」をつける技術の１つめは、声の「強弱」。
強調する箇所を事前に設定して、声に力を込める。

次に、話し方に「メリハリ」をつける技術です。

その１つめは**声に「強弱」をつけること**です。それによって、聞き手に「ここが重要なポイントなんだな」と直感的・反射的に感じてもらうことができます。

別の言い方をすると、**プレゼンにおいては「一本調子」が最も良くない話し方**です。これだと聞き手は「重要ポイント」が直感的には分からず「ダラダラ話を聞かされている」感覚が強くなります。

なお、「声の強弱」という言い方をしましたが、ここでは「音量」と「音程」の両方を含めた意味で使っています。この２つは違うものですが、これらを独立させて正確にコントロールする必要はそれほどありません。

「音量や音程」をプロの歌手や役者のようにコントロールすることが重要なのではなく、プレゼン全体の中や１枚のスライドの中で、**「どこを強調するか」をきちんと意識し、それに合わせて「話し方で強調しよう」という意識を持つ**ことです。それによって自然に音量も音程も変化しますので、それで充分です。

そしてそのためには、**事前に「強調すべき点」を設定しておくことが、最も必要なこと**になります。

前章Chapter 4の「資料の作り方」で、「重要なスライド３枚を選んでおく」、「（各ページ内で）一番大事なことは一番大きな文字で」という話をしましたが、それらを基本に、プレゼン事前に「強調して話す箇所」を確認しておくようにしましょう。

Section-1 話す技術

メリハリを感じさせる技術②

スピードと間(ま)を意識する

メリハリをつける技術の２つ目は「スピード」と「間（ま）」。特に、「間」を置くことで聞き手の注意を喚起できる。

メリハリをつけるための２つ目の技術は、**「スピード（テンポ）」と「間（ま）」**をコントロールすることです。

早口の方やゆっくり話す方など、話し方のクセも人それぞれですが、前項目の強弱と同様、**スピードについても「一本調子」はよくありません**。「緊張するとつい早口になる」という方は少なくないと思いますが、なるべく「重要なポイントはゆっくり話す」ように心がけます。

また、**全体のスピード以上に大切なのが「間をとる」こと**です。「間」とは、一瞬話すのを止めて一拍あけることです。

一つの使い方は、重要ポイントを話す直前で一拍止めること。これによって、聞き手は「何だろう」と注意を喚起されますし、プレゼンターも、少し落ちついて重要なことを話す準備ができます。

また、重要なポイントを話し終わって次の話に行く前に、間を置くことも有効です。聞き手に少し考えてもらって記憶の定着を図ることになります。

なお、177ページの資料作りの箇所でもお話ししましたが、スライドのアニメーション効果によってキーワードなどを一拍置いてから画面に登場させることも、「間」をとるための効果的なテクニックになります。

Section-1 話す技術

本番でうまく話すための準備

聴覚情報の脳へのフィードバック

簡単に言うと
自分で読みながら
それを**聞きながら**考える

スクリプト
(話し原稿)の準備

個人で&全体での
リハーサル
の繰り返し

上手く話すには「スクリプト＆リハーサル」。「話す→チェックする」のプロセスは不可欠。

本番で上手く「話す」ための方法は１つしかありません。それは**「スクリプト（話し原稿）」と「徹底したリハーサル」**による準備です。

この２つは一体のもので、**「スクリプトを書いて、実際に話してみて、おかしなところを修正する」というプロセス**が絶対に必要になります。

ステップとしては、まずある程度完成した資料を見ながら、スクリプトを書いてみます（パワーポイントであれば、そのページの「ノート」の箇所に書き入れます）。いったんできあがったら、次は自分１人で声に出して呟（つぶや）きながら、改善すべきポイントを洗い出します。この「声に出して呟くこと」が実は重要です。自分の声が耳から入って脳にフィードバックされることが理由だと思うのですが、これによって、論理の整合性の悪さに気づいたり、キーワードの別案がひらめいたりすることは個人的にも多く体験することです。

そしてこれを経て全体リハーサルです。その際は第三者からの意見が重要になります。自分の頭の中では論理が繋がっていることも、客観的に見ると論理的でない場合もあります。第三者の指摘を受け、必要に応じてさらに資料とスクリプトを書き直し、最終の完成形となります。

プレゼン準備において、このステップは極めて重要です。時間が足りなくなると疎かになりがちですが、重要性を肝に銘じ必ず実行してください。

Section-1 話す技術

その他の技術①
聴衆分析

- 事前に、聞き手（聴衆）の中の
キー・パーソンを確認しておく。
- 聞き手の知識レベルや態度や立場、
クセなども可能な限り知っておく。

Key Person

「聴衆分析」の最重要ポイントは、意思決定のキー・パーソンの事前確認。

ここからは、「話す」ことについてのやや細かな技術についていくつかお話しします。

プレゼンでは事前の「聴衆（聞き手）分析」が重要だとよく言われます。

そこに異論はないのですが、あまり細かく情報を仕入れすぎても、結局具体的には対応できないケースも多いでしょう。そこで、聴衆分析の最重要点を1つ選ぶなら、それは**「キー・パーソンが誰か」を確認しておくこと**です。

「キー・パーソン」とは、基本的にそのプレゼン内容に関する「意思決定者」です。その人に内容をきちんと理解してもらうことで、プレゼンを正当に評価してもらえる可能性が高まります。ですから**プレゼンターはなるべくキー・パーソンを向いて話す**ようにします。

なお、キー・パーソンがこちらの話にうなずいていると、その場全体が肯定的な空気になりますから、その意味でもキー・パーソンの"攻略"は重要です。

この他に、一般的な聴衆分析としては、聞き手の方々の知識レベルや社内的な立場なども重要なので、なるべく情報を頭の中に入れておくようにします。

Section-1 話す技術

その他の技術②
時間配分とタイムキーピング

- 事前に、パート別の時間を割り振って決めておく。
- プレゼンターは腕時計をデスクに置き、進行時間を確認しながら進める。

事前準備ではパートごとの時間配分を確実に。本番では腕時計を近くに置いてタイムキーピング。

事前の準備としては、プレゼンの**「時間配分」を決めておく**ことも大切です。

複数（チーム）でプレゼンする場合ももちろんですが、１人でプレゼンする場合も、「第１部は○分」、「第２部は○分」と、時間を割り振っておきます（もちろんリハーサルにおいて、時間通りに進められるか確認をしておきます）。

その上で本番では、デスクやPCの設置台付近の**目に入りやすいところに腕時計を置いて、話しながらさりげなく時間の確認ができるように**しておきます（スマホでは画面が消えたりして用をなさないので腕時計にします。できればアナログ式の時計の方が分かりやすいです）。

腕時計を腕につけたままプレゼン最中に見るのは、動作がやや大きくなり聞き手の集中を切らしますから、良くありません。

もしも、プレゼンターの立ち位置の近くに腕時計を置く場所がなく、会場にも時計がない場合は、誰か他の人にタイム・キーパーを頼み、残り時間に応じてサインを出してもらうように事前に頼んでおきます。

その他の技術③
冒頭の雰囲気作り

- 冒頭は、参加者全員がスマイルで。
- ジョークを飛ばす場合、"すべる"ことも想定して。

会場では冒頭の雰囲気作りを忘れずに。はじめは、出席者全員がやわらかな笑顔で。

プレゼンの冒頭は、聞き手も身構えていたり、緊張したりしていることがあります。そのため冒頭では、できるだけ「場を和(なご)ませる」ことを意識します（やや専門的な用語では「アイス・ブレイキング」、「ラポール（信頼関係）形成」といった言い方もします）。

誰にでもできて効果的な方法は、最初は**こちら側の出席者全員が柔らかな自然なスマイル**でいることです。

代表者による冒頭の挨拶や自己紹介などがある場合も、その間中は出席者全員が「笑顔でにこやかに」を心がけます。それだけでも、雰囲気はずいぶん柔らかくなります。

笑いをとるためのジョークやユーモアは、必ずしも必要ではありません。もちろん笑わせる自信があれば使っても構いませんが、"すべった（うけなかった）" ときのリアクションも用意しておいた方がベターです（プロの芸人ではないので、「すいません、自信あったんですけど、スベりましたね（笑）」くらいで充分です）。

Section-1 話す技術

その他の技術④
エピソードで主張を側面支援

主張をサポートするための

- **個人的なエピソード**
  - 「実は私の妹がまだ大学生で…」
  - 「大学時代の同級生で、○○業に勤めている友人に聞いたのですが…」
- **ビジネスに関するエピソード**
  - 「別の業界の話ですが…」
  - 「ネットの書き込みなので参考程度ですが…」

エピソードには

プレゼンターへの親近感を高める

気分転換で聞き手の集中力を回復

といった効果もある

エピソードは、主張をサポートする有効な手法。
プレゼンターへの親近感、聞き手の集中力回復効果も。

プレゼンの主張を、資料上にない口頭のエピソードでサポートすることは、いくつかの意味でとても効果的な手法です。

まず使いやすいものは、**「個人的エピソード」**です。例えば、消費者調査からのファインディングに対して、「実は、私の妹はまだ大学生なのですが、聞いてみたら、同じようなことを言っていまして」といったエピソードを加えます（もちろん作り話はいけません）。

こうしたエピソードは、主張をサポートするという効果の他にも、プレゼンターへの親近感をいだかせるという効果もあります（ちなみに心理学用語では「自己開示」といいます）。

他には、プレゼンター本人の経験談、新聞や雑誌に掲載された他社事例、ネット上での生活者の書き込みといった**様々な形で仕入れたビジネス情報のエピソード**も活用できます。資料に"公式な情報"としては書きにくいけれども、主張のサポートになり、聞き手も関心を持ってくれそうな情報は積極的に口頭で伝えていきます。

なお、エピソードには**集中力の落ちがちな聞き手を少しリフレッシュして、再度プレゼンに集中してもらう**という効果もあります。聞き手の目はどうしてもスクリーン（またはペーパー資料）だけを凝視しがちになりますが、エピソードの最中は自然に視線がプレゼンターに向きます。これによって聞き手はやや気分転換をはかれるわけです。時間としては20〜30秒でも充分ですので、長めのプレゼンでは特に取り入れたい手法です。

その他の技術⑤ 緊張対策

- 具体的対策は、リハーサルとメンタルリハーサル
- どうしても緊張しそうなら、開き直る。「アガリ症」を最初にカミングアウト。

「緊張対策」は、リハーサルとメンタル・リハーサル。「アガリ症」をカミング・アウトする"奥の手"も。

「緊張への対策」には、これ一発ですべて解決という特効薬はないものの、いくつかの対策はあります。

究極的には**「場数を踏む」、つまり、実際に多くのプレゼンを経験することで解決していく**のですが、その代用品としては、81、83ページでお伝えした、**「リハーサル」と「メンタル・リハーサル」**があります。これらは擬似的ではあるものの、"場数"を踏むことに近く、経験値を上げることにつながります。

私の知人や後輩の中にも、若手の頃には極度に緊張して指をブルブル震わせながらプレゼンしていたけれど、場数を踏んで（もちろん本人の努力もあって）プレゼンの達人のようになった人が何人もいます。焦らずにリハーサルと本番で場数を踏んでいってください。

ただし、「そうは言われても、明日のプレゼンの緊張を何とかしたい」という方は、本番のはじめに**「緊張していることをカミング・アウト」してしまう**方法もあります。
冒頭の挨拶で、「内容には自信があるが、今日はとても緊張していて、上手くプレゼンできるか不安だが、精一杯頑張る」といったことを伝えてしまうのです。

最初にカミング・アウトすることでこちらは多少落ちつけますし、幸運な場合は聞き手のシンパシーを得られて好結果を生むこともありますので、どうしても緊張しそうな場合は、この方法をお勧めします。

Section-1 話す技術

その他の技術⑥
手持ち原稿の使い方

- 「起立型」の場合は、「手持ち原稿」は原則的には使わない
- ただし、もし使う際は、隠さず堂々と。できるだけ顔を上げて話す（それも含めてリハーサルする）

「起立型」プレゼンでは、原稿は持たないのが原則。ただし、もし必要ならば隠さず堂々と手に持つ。

ここでは、プレゼンの際に「スクリプト（話し原稿）」を手持ちで読むことについてお話しします。

起立型でプロジェクタ使用の場合は、原則として「手持ち原稿」の使用は避けるべきです。単純に見栄えが良くないとか素人っぽく見えるということではなく、視線が手元に落ちて棒読み風になってしまいがちだからです。

逆に言えば、視線を上げて自信を持って話せるのであれば、手元に原稿を持っていても大きな問題はありません。

もし起立型のプレゼンで手持ち原稿を使う際には、**変に隠し持つようなことはせず、むしろ堂々と手に持ちます**。その上で、できるだけ原稿を見ずに、顔を上げて話すようにします（ただし、これは案外難しいので、手持ち原稿を使う場合はリハーサルからその形態で行ない事前に慣れておきます）。

着席型でペーパーによるプレゼンの場合は、そもそも手元に資料があるのでそこにスクリプトを書き込んでしまえば、さほど問題ありません。ただし、**視線が手元ばかりにいかないように、棒読みにならないように、といったことは起立型同様に注意**します。

その他の技術⑦ 質疑応答への対応

- 事前に想定問答集を用意する。
- "想定外"の質問が来ても、慌てず落ち着いた態度で。
- その場で答えられない質問には正直に「後日回答」も（場合によっては）可。

質疑応答の巧拙(こうせつ)はプレゼン結果に大きく影響。事前に「想定問答集」を作って準備する。

プレゼンテーションの成否に関して、質疑応答はとても大きな影響があります。そこでの対応（回答）は、まさに命運を分ける可能性があります。

100％完璧な事前の対応策というものは存在しないのですが、絶対にやっておくべきことは、**事前に「想定問答集」を用意してシミュレーション**しておくことです。

これは、プレゼンターや資料の作成者本人が考えても限界がありますので、チームの他のメンバーや上司、あるいはチーム以外の同僚などにリハーサルを聞いてもらって、想定質問を洗い出しておくことがベストです（できればQ&Aをメモにしておきます）。

その際、質問ごとの回答者を決め、関連するデータのページなどもわかるように整理しておきます。

とはいえ、どんなに考えても、「想定外の質問」が来る可能性はゼロにはなりません。

想定外の質問が来た際には、**「慌てない・狼狽した態度を見せない」が最低限の鉄則**です。

もしも回答に考える時間が必要な場合は、やや姑息(こそく)ですが「相手の質問を復唱して意図を確認する」といったことで時間を作る方法もあります。

データなどがその場になくて回答できない場合は、正直に「戻りましてお調べしてご回答します」と言うのも場合によっては正しい回答になります。

PART 2
プレゼンの技術

Chapter 5
話す、見せる技術
Delivery

Section-2 見せる技術

Section-2 見せる技術

見せる技術における最重要ポイント

見せるのは「資料」と「自分自身」

どう見せるか？

資料の見せ方

視線誘導

聞き手の視線を、見せたい箇所に誘導する意識を持つ。

と

自分自身の見せ方

パッションとパーソナリティ

情熱と人間性は、意思決定の最後のピース。

「資料」と「自分自身」を見せる。
「視線誘導」と「パッション＆パーソナリティ」がカギ。

ここからは、「話す、見せる技術」の２つめ、「見せる技術」です。

プレゼンテーションにおいて、**見せるものは大きく分けると「資料」と、プレゼンター「自分自身」の２つ**です。

この後でそれぞれ具体的にお話ししますが、大雑把に言うと、**「資料の見せ方」については、「聞き手の視線を誘導する」という意識を持つ**ことです。プロジェクタの場合とペーパーの場合では具体的な方法は違ってきますが、「視線誘導」という基本的な概念は共通です。

ちなみに「視線誘導」という言葉は、演劇の世界でも使われます。演出家や舞台上の役者は、観客の視線をステージの（もしくは自分の）どの部分に誘導するかを計算して演出したり演技をしたりしますが、プレゼンにおいても同様に考えるべきポイントです。

また、「自分自身」を見せるということについては、細かく言い出せば外形的なこと（服装や姿勢など）ももちろんあるのですが、それよりも**重要なことは、「パッション＝情熱」と「パーソナリティ＝人間性」を見せること**です。

95ページでも言いましたが、人は論理だけで物事を意思決定しません。ビジネスにおける意思決定においても、「この人と仕事をしてみたい」、「この人に任せてみたい」という「感情」は（時には無意識にせよ）少なからず影響します。これは言わば意思決定というパズルの「最後のピース」です。それを作り出すのがプレゼンターの「パッション」であり「パーソナリティ」なのです。

Section-2 見せる技術

視線誘導の技術①

プロジェクタの場合

聞き手の視線を確認しながら
「動き（ポインターやボディ・アクション）」
で視線を誘導する

プロジェクタ・プレゼンの視線誘導は比較的容易。「動き」で聞き手の視線を誘導する。

プロジェクタによるプレゼンにおける視線誘導はそれほど難しくはありません。誰もが無意識にとる行動が基本だからです。

つまり、**人間の視線は「動いているもの」を反射的に追うのでこの傾向を利用する**ということです。

スライドの「見せたい箇所」を、ポインター（パソコンのポインターやカーソル、またはレーザー・ポインター）で示すことが話しながらできれば、それで充分です。

ただし、プレゼンの中で特に強調したい箇所については、もう少しボディ・アクションを加えます。

例えば、あえてパソコンのポインターやレーザー・ポインターではなく、**プレゼンターがスクリーンの前まで歩いていき自分の手で指し示す、という「大きな動き」で強調**するといったことです。それまであまり動かなかったプレゼンターが突如スクリーンの前に動きだせば、誰もがそちらに視線を動かします。

あるいは、ナンバリングといって、「○○のポイントは３つあります」などの声と連動して、指で「３」の数字を胸のあたりに示すといったボディ・アクションも、聞き手の視線を一瞬プレゼンターに誘導し、「ポイントは３つあるのか」と注目を喚起することにつながります。

ポインターなどのアクションに加え、こうしたボディ・アクションも加えることで、うまく聞き手の視線を誘導するようにしてください。

Section-2 見せる技術

視線誘導の技術②

ペーパーの場合

（聞き手の視線を確認しながら）

必要に応じて
視線の「移動」をお願いする

ペーパーでのプレゼンの視線誘導はやや困難。場合によっては口頭で「お願い」も。

次にペーパーでのプレゼンの場合です。

ペーパーの場合は残念ながら、「動き」による視線誘導はほぼ使えません。ですから、聞き手の視線がどこを見ているか（次のページを勝手にめくっていないか）などをプレゼンター本人が注意して見ながら、対応していくしかありません（そのためにも、プレゼンターは聞き手の動きや視線をしっかりモニターしておく必要があります）。

特に、聞き手の中のキー・パーソンが別のページを見ている場合などは、**頃合いを見て丁重に「○ページをご覧いただけますか？」とお願いする**しか方法はありません。この「お願い」のためにも、資料にページ数（ノンブル）を入れておくことは不可欠です。

なお、他の対策としてはプレゼンの**冒頭で「私が話す前に先にページをめくらないでください」とお願いしておく**という方法もあります（和やかに上手く伝えてください）。

また、ここぞという最重要ポイントについては、自分の**手元のペーパーを胸のあたりに持ち上げて見せ、ペンなどで該当箇所を示す**といったボディ・アクションで視線を誘導する方法もあります。必要に応じて使ってください。

Section-2 見せる技術

パッション&パーソナリティを見せる技術①

アイ・コンタクト

目で「真剣さ」を伝える
(目は口ほどにものを言う)

Passion

パッションを見せるには。
アイ・コンタクトは、パッションを表現する技術。

ここからは、「自分自身を見せる＝パッション＆パーソナリティを見せる」技術についてです。

まずここでは「アイ・コンタクト」についてお話しします。一般的には「プレゼンの最中は、キー・パーソンを中心にまんべんなく会場の人々の目を見て話す」といったことが言われます。

それはまさにその通りなのですが、本書では少し違う説明の仕方をします。それは「アイ・コンタクトとは、プレゼンターのパッションを見せる」ためのものだという考え方です。

つまり「何となく目を合わせる」という意識でいるのではなく、**相手に対して「あなたのことを考えて真剣に話していますよ」という気持ちを伝える**という意識を持った上でアイ・コンタクトするということです。

「目は口ほどにものを言う」という諺（ことわざ）にもあるように、言語外（ノン・バーバル）のコミュニケーションとして「目」はとても雄弁に多くを語ります。ぜひ、「目」は自分の気持ち（パッション）を伝えるパーツだという意識を持ってプレゼンに臨（のぞ）んでください。

なお、一般に日本人は目と目を合わせ続けるのは苦手ですから、実際にアイ・コンタクトしている時間は、1回に1～2秒でも充分です。無理に長時間続ける必要はありません。

Section-2 見せる技術

パッション&パーソナリティを見せる技術②

策を弄(ろう)さず、あなたの人間性を感じてもらう

パーソナリティを見せるには。
策を弄さず、あなたの個性・人間性を活かす。

「見せる技術」と言いながら、ここにきて「技術論」とは遠くなるのですが、あえて言います。

聞き手に最終的に**「この人に任せてみたい」「この人と仕事をしてみたい」**という感情を持ってもらうためには、「**愚策を弄さずに、直球であなたの人間性を活かしてプレゼンする**」ことが最善の策です。

変に「キャラを作る」、「明朗快活な人間を演じる」といったことをしようと思っても、やはりどこかで無理が生じます。

「快活な人は快活に」、「朴訥（ぼくとつ）とした人は朴訥に」というように、自分の本来のパーソナリティを、「良い個性」として、聞き手に自分を開示するといった意識でプレゼンに向かってください。

（ちなみに本書で繰り返し述べている「自信」はプレゼンに際しての態度（attitude）であってパーソナリティではありません。「自信」はすべてのプレゼンターが持つべきものです。）

Section-2 見せる技術

プレゼンター以外の、話していないメンバーが見せるべきこと

「まなざし」と「うなずき」

真剣な「まなざし」で
チーム全体のパッションを

「うなずき」で
その場に肯定的空気を

プレゼンター以外の人が、会場で「見せる」もの。それは、真剣な「まなざし」と、肯定の「うなずき」。

さて、本章Chapter 5の最後のページです。

オマケというわけではないのですが、ここではプレゼンター以外の「話していない、他のメンバー」が見せるべきことについて触れておきます。

それは端的に言えば、**「まなざし」と「うなずき」**です。

まなざしについては、まさにそのままですが**「真剣なまなざし」**をしていること。雰囲気は柔和で構いませんが、まなざしには真剣さが必須です（アイ・コンタクトは不要です）。**チーム全体のパッション、真剣さを伝え**ます。

そして、まなざしよりも重要なのが**「うなずき」**です。プレゼンターが話している際に、要所で適宜うなずきます（極端に首を上下させたり、回数が多すぎたりすると不自然ですから、自然な形で程良い回数で）。

これは、たとえ"仲間内"のうなずきであっても、**その場に肯定的な空気を作る効果**があります。もちろん聞き手に与える影響はそれほど大きくはないでしょうが、やっておいて損はない行動です（多少姑息ですが、キー・パーソンがそれにつられて1回でもうなずいてくれると、聞き手側の周囲に影響を及ぼします）。

ぜひ習慣にしてください。

PART 3
実務における確認項目

Chapter 6
プレゼン準備の流れ
Prepare for Presentations

プレゼン準備の進行イメージ

フェーズを区切り
完成度を確認しながら
準備を進める

一般的なプレゼン準備作業の進行と完成

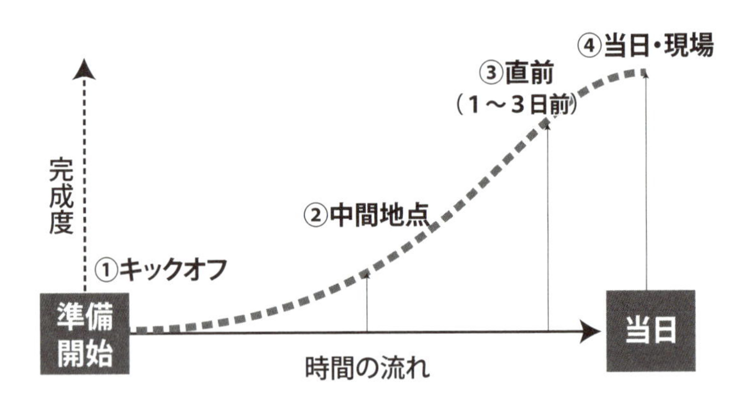

プレゼン準備の進行管理はしっかりと。
フェーズを区切りながら、要所で完成度を確認する。

どのようなプロジェクトでも同様ですが、プレゼンの準備も、**本番当日までの日数から逆のぼってフェーズを区切って進行を確認しながら進め**ます。

準備の期間は一定ではありませんから、ここでは左ページの図のように、①キックオフ（準備開始）時点、②（期間全体の）中間地点、③直前（本番の1～3日前）、④当日・現場、という4地点を設けて、それぞれの地点でのチェック項目をあげていきます。

左の図は、横軸が時間の流れで、縦軸は便宜的に、資料の完成度を表しています。**完成度とは計量的に測定できるものでなく感覚的な尺度です。とはいえ自分でこのような尺度を持つことは案外大切**です。

内容によりますのであくまでも目安ですが、おそらく多くのプレゼン準備はこのような曲線で完成度が上がっていくことが多いと思い、図にしてみました。

期間の中間地点では、資料の完成度はまだ50％に満たないことの方が多いように思います（もちろん理想は早くできていた方が良いのですが）。

中間地点を過ぎたあたりから直前期の手前で完成度がぐっと上がる時期があるのが、多いパターンでしょう。

これらを踏まえて、次ページ以降で基本的なチェック項目を示します。実践においては、こちらを下敷きにさらに必要事項を加えて、チェックリストとして使ってください。

PART 3
実務における確認項目

Chapter 7
基本的チェック項目
Point to be checked

①キックオフ（準備開始時点）

1. プレゼンの目的

- 依頼者や提案先（社内上層やクライアント）が達成したい目的は？
- 自分自身（チーム）がこのプレゼンで達成したい目的は？

2. 聞き手（聴衆）

- 聞き手はどんな人たちで何人くらいか？
- 聞き手の現時点での考えや立場、知識は？
- 聞き手の中のキー・パーソンは誰か？

3. 期日

- プレゼンの期日は確定しているか？
  していない場合、目安としていつごろか？

4. 時間

- プレゼンの時間は、質疑応答を入れて最大で何分か？

5. 資料のタイプ

- 準備する資料はスライドかペーパーか？
  （会場はプロジェクタが使用できるか？）

6. 使用できるリソース

- このプレゼンに使えるリソース（費用、人材など）は？

最重要ポイントは「プレゼン目的」の確認。
「聞き手の目的」に加え、「自分たち」の目的もクリアに。

- 準備開始時点のチェック項目は、進行管理的な内容ではなく、前提条件や背景情報の確認となります。おおむね、左ページのような内容になります。

- まずは、根本的な話ですが、**プレゼンの課題（テーマ）の確認が、開始時点の最重要項目**です。社内の上司や外部のクライアントが相手先となるプレゼンの場合は、その人たちが**達成したい目標や目的**を明快にします。
また、いわゆる「自主提案」の場合には、相手先のビジネスの目的や目標と共に、**「自分たちがその自主プレゼンで何を得たいのか」**もクリアにしておく必要があります。

- この他の「時間」や「資料タイプ」にしては、確認しておくべきポイントではありますが、この時点で絶対的に必要な情報ではありません。ただし資料作りを開始するには必要な情報ですから、なるべく早めに確認するようにします。

②中間地点

1. 全体の進行度合い（完成度）

- 大まかな「主張」とラフな「ストーリー」ができているか？
  それらは「文字」や「チャート」で表せられるか？
- それらが曖昧な場合、いつ頃までに形になるか？

2. 目的との合致性

- 設定した（または提示された）プレゼンの目的と、現時点のプレゼン内容にズレはないか？

3. 聞き手に関する新情報

- 聞き手の考えやキー・パーソンについて新たに判明したことはあるか？　主張は聞き手の考えにマッチしそうか？

4. 不足している要素

- データ収集、リサーチ、ビジュアル素材など、現時点で不足している要素は何か？
- それらを、誰がいつまでに準備するか？
- 上記の作業に対して、リソースは足りているか？

5. 日程や会場についての変更点

- 日程や会場環境などについての変更点、新情報がないか？

「進行度合い」と、「目的との合致性」をチェック。
加えて、「聞き手」に関する情報を確認。

- 1.の「資料の進行度合い」については、おそらく特に意識しなくても、自然に確認をすると思います。
  この時点では、きれいな資料（企画書）にまとまっていなくても、大まかに「主張」や「ストーリー」ができていれば良いのですが、「何となく頭の中にある」レベルだと少々不安です。**きちんと「文字」や「チャート（ピラミッド・ストラクチャーなど）」で目に見える形になっていること**が重要です。

- 2.の**「目的」との合致性は、意識しないと案外忘れてしまうチェック項目**です。いろいろと思考を巡らしアイデアが生まれる中で、当初の目的とプレゼンの内容がいつの間にずれているということは、決して少なくありません。直前で判明したら取り返しがつきませんから、中間地点でしっかりと確認しておきます。

- 3.については、キックオフ時点で分かっていなかったことがあれば、この時点で確認し、必要に応じ資料や体裁について変更を行ないます。

- 4.と5.については、準備作業の後半戦に向けて、改めてスケジュールやタスク、リソースのチェックをします。

③-a 直前期（1〜3日前）個人およびチーム・ミーティングでの確認

1. 全体の進行度合い（完成度）

- 残り日数を考えて、完成度は充分か？
- スクリプト（話し原稿）はある程度できているか？
- 想定問答は、ある程度考えられているか？

2. 資料のブラッシュ・アップ、ディティールの確認

- 「主張」（結論＋根拠）が明快で分かりやすかったか？
- ストーリーに論理の矛盾や飛躍、分かりにくい箇所はないか？
- 「山場」が設定されているか？
- 「キーワード」に、より良い別案はないか？
- 聞き手に「サプライズ」と「期待感」を感じてもらえるか？
- 文字数を短く改善できる箇所はないか？
- 数値やグラフデータなど、致命的なミスやモレがないか？

3. 聞き手に関する新情報

- キー・パーソンの出席有無の確認、事前にインプットしておくべき情報はないか？

4. 日程や会場についての確認・変更点

- 日程や会場の環境に変更などがないか？

「進行度合い」に加え、「主張」「ストーリーのつながり」「山場」「キーワード」をチェック。全体を磨き上げる。

- 直前期については、「個人やチーム・ミーティングでチェックすべきことと、「全体の通しリハーサル（ラン・スルーとも言います）」でのチェック項目に分けて整理します。ただし、この両方で二重にチェックすべきことも多いので、その点はご容赦ください。

- 「個人およびチーム・ミーティング」でのチェック項目は、まず**全体の進行度合いの最終確認**を行ないます。この時点では、（本番までの日数にもよりますが）資料は90％以上は仕上がっているべきタイミングです。
  また、スクリプト（話し原稿）を事前に作るプレゼンでは、リハーサルに向けてある程度書きはじめているべきタイミングです（スクリプトはギリギリまで修正できますので、この時点での完成度は50～60％でも良いです）。
  想定問答についても、ある程度できていることが望ましい時期です。

- 資料については、**リハーサルの前に、論理の矛盾や飛躍がないかを改めて確認**します。並行して、**デザイン面で見にくい箇所、長すぎる文章がないか**を改めて確認します。数値やデータの間違いがないかも念のためチェックします。

- **「キーワード」などの重要箇所を、より印象的なものにできないか**、最後まで知恵を絞ります。

③-b 直前期（1〜3日前）リハーサルでの確認

1. 資料のブラッシュ・アップ、ディティールの確認

- 「主張」（結論＋根拠）が明快で分かりやすかったか？
- ストーリーに論理の矛盾や飛躍、分かりにくい箇所はないか？
- 「山場」が設定されているか？
- 「キーワード」に、より良い別案はないか？
- 聞き手に「サプライズ」と「期待感」を感じてもらえるか？
- デザイン、レイアウト、文字サイズ、アニメーション効果などに改善すべき点はないか？

2. プレゼンターのスキル

- 話し方や姿勢などで修正すべき点はないか？
- 特に、「自信」が感じられたか？
  「山場」や「メリハリ」が感じられたか？

3. 時間配分

- 配分通りにプレゼンを進行できたか？

4. 想定問答

- 当日はどのような質問がありそうか？
- その質問に対する回答は用意してあるか？
  誰が答えるか決まっているか？

事前に個人やチームでチェックしたポイントを再チェック。ここでは、プレゼンターのスキル面も。

- 前項目でも述べましたが、このタイミングでは「個人およびチーム・ミーティング」と、「リハーサル（ラン・スルーとも言います）」でのチェック項目は一部重なりますので、その点ご容赦ください。

- リハーサルにおいても、全体的な内容のチェックを改めて行ないます。特に、プロジェクトの**中心メンバー以外の人に客観的・俯瞰的な視点でチェックをしてもらう**ことが重要です。

- また、**プレゼンターのスキル（話す、見せる技術＝デリバリー・スキル）のチェック**もこのタイミングで行ない、気になる点があれば改善を指摘します。
  時間的な余裕があれば、誰かにスマホなどでリハーサルを撮影してもらい、プレゼンターがその映像を見ながら自分でチェックすることも、本人のスキルアップには効果的です。

- 時間配分については、スマホのストップウォッチ機能などを使って測定し、パートごとに長短を確認します。

- リハーサルを聞いた上で、どのような質問がありそうか想定問答について検討します（できればプロジェクトの中心メンバー以外の第三者的視点からのチェックが理想です）。

④当日・現場

1.「重要な３枚」

- これから行なうプレゼンの重要ポイントは何か？
 （忘れてはいけない最重要ポイントを反芻）

2. 緊張の度合い

- 自分がどの程度緊張しているか？　（セルフ・チェック）

3. キー・パーソン

- （会場に入った後）キー・パーソンがどこに着席しているか？

4. 時計の位置（タイム・マネジメント）

- 開始が予定時刻から遅れていないか？
 もし遅れている場合、終了時刻は予定通りか？
 多少遅らせるか？
- プレゼンターが時計を（さりげなく）見られるか？
 （腕時計を置けるか？）

会場に入る前に、「山場＝重要ポイント」を再確認。
会場では「キーパーソン」と「時計」を確認する。

- 最後の「当日・現場」については、ここまでくれば、内容の細かなチェックはしようがありませんので、それ以外のポイントになります。

- ただし、会場に入るまでに余裕があれば、資料やスクリプト（話し原稿）の見直しはできる限り行い、その際に**「重要ポイント」をしっかりと頭に入れて、プレゼン最中に忘れないように**反芻（はんすう）しておきます。

- その他では、緊張しがちな人は**「自分が緊張しているか」をセルフ・チェック**するだけでも、案外冷静になれますので、一度お試しください。

- 会場に入ってから最も重要ことは、**キー・パーソンの位置の確認**です。その方がどこに座っていらっしゃるかを忘れずに確認します。

- 最後は、細かい点のようで案外大事なのが、時計の位置です。211ページでも言いましたが、プレゼンターは本人がタイム・マネジメントをしながら話す必要があるので、手元に腕時計を置く場所があるか、ない場合は会場の時計が自然に目に入る位置にあるかを確認します（どちらも難しければ、できればチームの誰かにタイム・キーパーを依頼します）。

おわりに

プレゼンテーションについて書かれた本はとてもたくさん出版されていて、どの本にもためになることがたくさん書かれています。

以前からそうした本を何冊か読んでいて、でも実はちょっとだけ気になっていたことがありました。

それは「プレゼンのスライドはなるべく文字数を減らしてシンプルに」と書いてある本であっても、そのページには文字が所狭しと並んでいたりするという点です。もちろんスライドと書籍はまったく性質が違いますから、それは特に不自然なことではないのですが。

そうした経験から、ひょっとすると「プレゼンのスライドのようなプレゼンの本があったら分かりやすいんじゃないかな」と思ったことが本書のスタイルにチャレンジした動機でした。

これまでに私が出版させていただいた本でも、（プレゼンがテーマではありませんでしたが）それに近い取り組みはしていたのですが、こうして1冊まるごとを「プレゼン・スライド形式」で執筆したのは初めての経験でした。

通常、書籍の原稿を書く際は、「本文（文章）」を書いて、そこから図版などを作っていきます。主従で言うと「文章が主」、「図版が従」です。ですから、それらは、読者の方の目にまず「文章」が入って、その後「図版」を見るようにレイアウトされます。

出版社の編集の方には少し驚かれたのですが、本書は実はそれとは反対の作り方をしています。

筆者である私は、まず図版を作ります。そして全体の構成がある程度でき上ってから、「図版」に添付する「文章」を書いていました。2つはどちらが主でも従でもなく、私の中ではまったく均等です。

仕事柄、多くのプレゼン資料や社内レクチャー資料を作っている人間としてはまったく違和感がなかったのですが、一般的な書籍制作の常識からは、少し離れていたようです。

また、本書の草稿を勤務先の20代の若手社員に見せたところ、「横書きで文字数が少ないのが、読みやすくてよいです」との評価をもらいました。そのときは「内容じゃなくて、まずそこかい（笑）」とリアクションしましたが、後から考えると、最近の"スマホ世代"のような、長い文章が得意でない層にも本書のスタイルがふさわしいことを示してくれたわけで、それは嬉しい反応でもありました。

最後になりましたが、出版社、デザイナーの皆さま、ありがとうございました。皆さんのご尽力で、どうにか本書は完成に辿り着くことができました。

また、執筆期間中は休日のほとんどを自室のPCに向って過ごすことを容認してくれた、妻と２人の息子に。君たちの協力がなければ、本書の完成はいつになったことか見当もつきません。いつもありがとう。

長沢朋哉（ながさわ ともや）
1965年、宮城県仙台市生まれ。早稲田大学第一文学部出身。現在、電通ヤング・アンド・ルビカム株式会社に勤務。ストラテジック・プランニング／マーケティング・プランニング部門において、マーケティング戦略、ブランド戦略、コミュニケーション戦略、広告戦略など、広範な領域の戦略立案と実施案の開発に従事。著書に『世界一シンプルな「戦略」の本』（PHP研究所）などがある。

新人広告プランナーが入社時に叩き込まれる
「プレゼンテーション」基礎講座

2015年3月20日 初版発行
2018年5月20日 第4刷発行

著 者 長沢朋哉
発行者 吉田啓二

発行所 株式会社日本実業出版社 東京都新宿区市谷本村町3-29 〒162-0845
大阪市北区西天満6-8-1 〒530-0047
編集部 ☎03-3268-5651
営業部 ☎03-3268-5161 振 替 00170-1-25349
http://www.njg.co.jp/

印刷・製本／三晃印刷

ISBN 978-4-534-05268-1 Printed in JAPAN